KB138375

내 아이의 자존감을 높이는
프랑스 부모들의 십계명

10 astuces pour booster l'estime de soi d'un enfant: Ni pantin ni enfant-roi

내 아이의 자존감을 높이는 프랑스 부모들의 십계명

마르조리 물리뇌프 지음 • 배영란 옮김

🌱 나무생각

차 례

1부

내 아이의
자유로운 날갯짓을
위한 준비

모든 아이들에게는 천재적인 재능이 있다.
중요한 것은 이를 발현시키는 일이다.

– 찰리 채플린

내 아이가 사회의
건강한 일원이 될 수 있을까

우리의 삶에 자존감이 필요한 이유는 무엇일까?
자존감이 높은 것과 자아가 강한 것은 어떻게 다른가?
자존감과 자신감을 혼동하고 있지는 않은가?

위의 개념들이 분명히 구분되는 사람이라면 굳이 이 책을
읽을 필요는 없다. 하지만 각 개념들의 미묘한 차이가 분명하게
구분되지 않는다면, 수십 권의 책을 읽었는데도 그 내용이 잘 와
닿지 않는다면, 조금 다른 각도에서 문제를 살펴보도록 하자.

하루하루의 생활 속에서 우리는 자신도 모르는 사이에 아이의
자존감에 상처를 준다. 물론 고의로 그런 것은 아니지만 우리가

이렇듯 본의 아니게 아이의 자존감을 짓밟는 이유는 자존감에 대한 제대로 된 인식이 부족하기 때문이다. 아이의 자아가 어떻게 형성되고 확장되는지는 상대적으로 가늠하기 쉽지만 자존감은 겉으로 그 특징이 잘 드러나지 않는다. 이에 아이의 자존감을 높이려다가 외려 자아가 너무 강한 폭군 아이를 만들 수도 있고, 반대로 무한한 사랑과 관심을 쏟는데도 자신감 없고 소심한 아이를 만들 수도 있다.

이 책을 읽어가는 과정에서 독자들도 알게 되겠지만, 이러한 개념들을 구분하는 일이 그렇게 어려운 것은 아니다. 이에 아이의 올바른 자존감 확립을 위한 방법을 구체적으로 제시하면서 헷갈리기 쉬운 이 개념들을 다시 바로잡고 부모로서 우리가 범하지 말아야 할 실수와 오류에 대해서도 짚어보려고 한다.

나는 이 분야의 전문 교수는 아니지만 한 사람의 딸이자 어머니로서, 그리고 심리 치료사로서 내가 직접 경험하고 느낀 것들을 솔직하게 이야기해나갈 생각이다. 개중에는 적절한 경험 사례도 있고, 그렇지 못한 경우도 있겠지만 인위적으로 부풀린 사례들은 없을 것이다.

나는 여기에서 독자와 내가 직접 마주 보고 말하는 것처럼 이야기를 풀어갈 것이다. 어떤 부분은 독자들의 마음에 들 수도 있고, 어떤 부분은 그렇지 않을 수도 있겠지만, 중요한 것은 이 책의 목적이 모두의 공감을 사는 데에 있는 게 아니라 실질적으로 도움이 되는 실용성에 있다는 점이다.

내가 말하는 모든 게 분명 진리는 아닐 것이다. 하지만 적어도 잘못된 편견들은 바로잡고 싶다. 일례로 일부 심리학자들은 상당히 높은 자존감을 갖는 게 가능하다는 식으로 이야기하지만 사실 이것은 불가능에 가깝다. 반면 지나치게 강한 자아를 갖는 것은 얼마든지 가능하다. 앞으로 이 책을 읽어나가면서 독자들은 강한 자아와 안정적인 자존감의 차이를 깨닫게 될 것이다.

간혹 어린 시절 자신에게 부족했던 점을 깨닫고 안타까움을 느낄 수도 있다. 유년기에 받은 상처들이 떠오를 수도 있다. 그런 차원에서 아이의 자존감을 높이는 작업은 부모의 자존감을 높이는 데에도 도움이 된다. 이 책을 읽은 뒤 어린 시절 자신이 듣고 싶었던 말들을 아이에게 해줄 수 있기를 바란다. 그중에는 성인이 된 우리에게 분명 위로와 위안이 되는 말들이 있을 것이다. 나에게 무엇이 부족했었는지를 깨달으면 그만큼 내 아이가 '높고 안정적인' 자존감을 갖는 게 얼마나 중요한지 알 수 있다.

앞으로 본문에서 '높고 안정적인 자존감'이라는 표현을 수십 번도 더 마주하게 될 텐데, 유감스럽게도 이 단어가 이 책의 핵심 키워드이므로 양보할 생각이 없다. 이 부분에 대해서는 미리 양해를 구하고 싶다.

이 책은 나처럼 아이가 자기 본연의 빛을 발해야 하며, 또 그럴 수 있다고 생각하는 부모들을 위해 쓰였다. 내 아이가 인류의 일원으로서 '사람다운 사람'으로 성장하길 원한다면, 부모로서 우리가 해야 할 일은 아이가 그렇게 될 수 있도록 올바른 길을 열어주는 것이다.

학교나 사회가 알아서 내 아이를 그런 사람으로 만들어주지는 않는다. 그저 운이 좋아서, 혹은 전지전능한 조물주의 힘으로 아이가 기량을 마음껏 뽐내며 행복하게 자랄 수 있는 것도 아니다. 내 아이의 요람을 굽어보며 아이에게 장차 스스로 꿈꾸는 삶을 살아가게 해줄 수 있는 유일한 존재는 이 책을 읽고 있는 당신 자신이다.

나는 아이들을 양초에 비유하길 좋아한다. 특히 나이가 어릴수록 더 적절한 비유라고 생각한다. 양초가 환히 빛나려면 심지에 불을 붙여줘야 하듯이 아이에게도 불을 붙여줘야 불꽃이 살아난다. 나는 이 불꽃이 곧 아이의 자존감이라고 생각한다. 아이의 자존감에 불을 붙여준다는 것은 곧 아이가 마음껏 춤을 추고 노래하며 마음대로 움직이고 숨 쉬는 것을 지켜봐준다는 뜻이다. 아이가 때로는 주저앉고, 때로는 성장하며, 때로는 다시 자리에서 일어나 길을 우회하여 갈 수도 있다. 모든 것은 상황에 따라, 그리고 '존재'의 변화에 따라 얼마든지 달라질 수 있다.

세상에는 아이들의 수만큼이나 다양한 양초가 존재한다. 어떤 아이는 통통하고, 어떤 아이는 아담하며, 특별한 향기가 나는 아이도 있고, 자기중심적인 아이도 있다. 자기만의 색이 뚜렷한 아이가 있는가 하면 꾸밈없이 자연스러운 아이도 있고, 생각이 많은 아이, 말을 잘 안 듣는 아이도 있다. 아이들은 저마다 제각각이다.

하지만 양초는 불이 붙어야 비로소 자기만의 불꽃을 만들어낸다. 아이들은 그 불꽃에서 힘을 얻고, 계속해서 스스로를 태워가며 불꽃을 이어간다. 그렇게 자기의 영혼이 가진 고유한 색깔을 드러내는 것이다. 양초는 모두 비슷한 듯하면서도 제각각이지만, 환히 빛나겠다는 의지만은 모두가 동일하다. 환하게 빛나며 어두운 곳을 비추고, 환하게 빛나며 아픈 곳을 위로한다. 환하게 빛나며 온기를 만들어내고, 환하게 빛나며 쓸모 있는 존재가 된다. 환하게 빛나며 자아를 실현하고, 환하게 빛나며 삶을 살아간다.

내 아이의 불꽃을 밝혀주겠다는 생각은 부모라면 누구나 다 하고 있을 것이다. 아이의 잠재력에 불을 붙여주고 싶은 마음이 없었다면, 굳이 이 책을 사서 읽지도 않았을 것이고, 아이의 미래 따위에 관심 갖지도 않았을 것이다. 어쩌면 별다른 비전도 목표도 없는 부모들처럼 그저 속으로 '나처럼 대충 알아서 헤쳐 나가겠지.'라고 생각했을지도 모른다.

물론 이렇게 아이의 미래에 대한 고민은 별로 하지 않은 채, 그저 자식을 낳은 뒤 먹이고 입히는 일에만 급급해하는 부모도 없지는 않다. 현실과 동떨어진 동화 속 세상이라면 모두가 이상적인 부모여야 하겠지만, 실제 현실에서는 부모로서의 소임을 다하지 못하는 안타까운 사람들도 분명 존재한다.

하지만 이 책을 손에 든 부모라면 적어도 그런 사람은 아니리라 생각한다. 당신은 분명 아이에게 최고의 부모가 되어주고 싶고, 아이가 자신의 모든 것을 활활 태우며 빛을 발할 수 있도록 불을 붙여주고 싶은 마음일 것이다. 당신이 붙여준 불로 인하여 아이가 웃고 울며 사랑하고 즐기며 살아가길, 호기심을 불태우고 많은 것을 알고 싶어 하는 똑똑한 아이로 자라나길, 수많은 경험을 쌓으며 타인과 더불어 즐겁게 살아가길 바랄 것이다.

다행히도 아이에게 이러한 불씨를 붙여주었다면 당신은 이미 부모로서 해야 할 첫 번째 과제를 무사히 끝낸 셈이다. 이제 당신이 붙여준 이 불씨를 바탕으로 아이는 환하게 빛날 것이기 때문이다. 제대로 불꽃이 일었다면 그다음에 해야 할 일이 한 가지 더 있다. 불을 붙여주는 것보다 더 쉽지 않은 이 작업은 가시적으로 눈에 띄지도 않을뿐더러 아이가 완전히 독립을 하고 난 후에야 비로소 그 결과가 보인다는 맹점이 있다.

아이에게 불을 붙여준 다음 수순은 아이 스스로 그 불꽃을 어떻게든 유지하고 가꿔나가도록 방법을 알려주는 것이다. 아이에게 있어 등불이 되는 부모이자 보호자로서 어른들이 해야 할 일은 불꽃이 사그라들었을 때 얼른 다시 붙여주는 게 아니라 아이 스스로 그 불꽃을 조심스레 유지해나가고 불이 꺼지지 않게 지키는 법을 가르치는 것이다.

내 아이가, 그리고 차츰 어엿한 사람으로 성장해가는 내 자식이 스스로 빛을 발하길 원한다면, 부모 도움 없이 자기만의 빛으로 환히 빛나길 바란다면, 부모는 아이가 '올바른' 자존감, 특히 '안정적인' 자존감을 확립하도록 도와주어야 한다. 그러자면 자존감 확립을 위한 방법을 알아보기 전에 다음 다섯 가지 내용을 먼저 짚고 넘어가야 한다.

1   자아와 자존감의 차이를 구분한다.

2   자존감을 이루는 세 가지 축을 이해한다.

3   아이가 귀로 듣는 것과 실제로 이해하는 것에 어떤 차이가

있는지 규명한다.

4 자존감과 정체성의 관계를 이해한다.

5 높고 안정적인 자존감 확립을 위한 기본 원칙들을 충분히
    숙지한다.

1부는 이상의 다섯 가지가 주된 내용으로 구성되어 있다. 이
내용들을 먼저 세심하게 짚어본 뒤 2부에서 본격적으로 아이의
높고 안정적인 자존감 확립을 위한 열 가지 방법을 순차적으로
다뤄보고자 한다.

높고 안정적인 자존감을
어떻게 유지할까

높고 안정적인 자존감을 확립하는 일이 그렇게 어려운
문제는 아니다. 자존감의 안정성을 확보하는 유일한 방법은 바로
지속성을 유지하는 데에 있다. 즉, 지속적으로 격려하고 애정 어린
행동을 보여주는 것이다.

아울러 자존감의 뿌리가 될 수 있는 기본 토대를 마련해주어야
한다. 부모는 아이를 어떻게 키우고 싶은지 먼저 생각하고 그에
따른 일관된 방침을 가지고 있어야 한다. 이것이 촛불에 불을
밝히고 아이의 자존감을 구축하기 위한 연료로 작용한다.

이에 대해서는 아이에게 일찍 깨닫게 할수록 그만큼 더
자존감에 영향을 미칠 수 있다. 말로 설명해주기 힘든 어린아이일

경우라도 아이는 부모의 의도를 대략적으로 이해할 수 있다.
이를 위해 종종 사용되는 것이 바로 동화나 옛날이야기다. 이는
아이에게 부모의 교육관을 설명해주고 방향을 제시하며 가능성의
길을 여는 도구가 되기 때문이다.

우리는 여러 가지 이야기를 들으면서 자란다. 사람들이 나이를
불문하고 책이나 영화, 연극 등을 좋아하는 이유도 바로 여기에
기인한다. 아이들은 이러한 부분에 조금 더 민감한 편이다.
아이들이 수십 번씩 똑같은 만화를 보고 똑같은 이야기를 들을
수 있는 이유는 뭘까? 아이들은 내용을 이해하고 메시지가
전달될 때까지 같은 이야기에 귀를 기울인다. 각각의 이야기에는
도덕과 교훈이 들어 있다. 가장 효과가 좋은 이야기는 아이들에게
자기만의 결론을 이끌어내게 해주는 이야기다.

따라서 아이의 자존감 구축을 위해서는 아이에게 하나의
이야기를 들려주는 것만으로도 충분하다. 나이에 따라 상황이
달라지더라도 늘 같은 이야기를 해주면 된다. 일관성을
유지함으로써 장기적으로 안정성을 확보하는 것이다.

자존감은 자신의 가치에 대한 평가와 자신이 해야 할 일에
대한 확신, 그리고 이를 해낼 수 있다는 자신감을 바탕으로
향상된다. 우리는 아이가 자라면서 그 머릿속에 어떤 생각이 자리
잡을지 전혀 알 수가 없다. 하지만 일관되고 반복적인 이야기를

들려주면, 최소한 자존감의 뿌리가 될 기본 토대 정도는 만들어줄 수가 있다. 내 아이가 가치 있는 존재고 아이에게 주어진 무언가의 소임이 있으며 아이가 이를 실현할 수 있다고 생각한다면, 아이로 하여금 이 점을 분명히 깨닫도록 만들어야 한다. 아이가 진심으로 이를 깨닫고 확신할 수 있으려면, 동화를 읽을 때처럼 스스로에 대한 결론을 이끌어내야 한다.

문제는 높고 안정적인 자존감 확립을 위해 부모가 아이에게 들려주어야 할 이야기가 무엇인지 모른다는 데에 있다. 그로 인해 아이에게 우리는 자존감이라는 그 무엇과도 견줄 수 없는 소중한 선물을 줄 수 없다.

이에 2부의 내용에서는 자녀 교육의 '방법'보다 훨씬 더 중요한 '목적(의도)'에 대해 다루게 될 것이다.

사실 아이에게 이야기를 할 때에 어떤 방식을 택하느냐는 크게 중요하지 않다. 방법적인 문제는 전적으로 부모에게 달려 있다. 부모의 성격이나 감성, 혹은 상황이나 맥락에 따라 방법은 얼마든지 달라질 수 있기 때문이다. 높고 안정적인 자존감 확립에 있어 중요한 점은 장기적으로 어떤 목적에서 접근할 것인가다. 그때그때의 상황에 흔들려 달라지지 않도록 부모는 자녀 교육의 기본 방침에 대한 자신의 목적을 확고히 해야 한다.

우리가 해야 할 말을 전하는 데 있어 정확한 용어를 구사하는 경우는 극히 드물다. 스스로 인식하진 못하지만 일상적인 말을 할 때 우리는 상당히 압축적으로 자신의 생각을 표현하게 마련이다. 흔히 어떤 사건들에 대해 이야기할 때, 우리는 이런저런 요소들을 빼먹고 이야기한다. 그러고는 곧바로 결론으로 넘어간다. 때로는 과장하고 때로는 비난의 어조를 섞으며, 자기도 모르는 사이 어떤 부분은 생략한 채 넘어가고, 간혹 하찮은 일들에 트집을 잡고 늘어질 때도 있다. 어디 그뿐인가? 생각과 말이 다르게 나갈 수도 있다.

우리의 생각과 감성을 오롯이 전달해줄 수 있는 언어적 표현을 찾기란 쉬운 일이 아니다. 하지만 자신의 의도를 말로써 정확하게 전달하는 것은 매우 중요하다. 진정한 말의 힘은 공식으로 외워지는 게 아니라 겉으로 내뱉는 말 뒤에 숨은 '진의'로부터 나온다.

책임감 있는 부모라면 누구나 아이들을 이끌어나가기 위한 하나의 방향과 계획을 갖고 있다. 아이가 올바른 길로 갈 수 있도록 경계선과 한계점도 정해준다. 아이를 안전한 곳에 두며, 다치지 않도록 주의하고, 음식과 위생 상태 등 아이의 건강을 위해서도 신경을 쓴다. 아이가 자신의 적성을 키울 수 있게 도와주며, 적절한 규율로 행동에 영향을 미치기도 한다. 아이에게 필요한 교육을 제공하며, 아이의 성장을 장려하고, 올바르게 커가고 있는지도 확인한다. 또 정신적인 성장을 위해 교양을 함양하도록 도와주고, 성인이 될 때까지 주위에 울타리를 쳐서 아이를 보호한다.

이 모든 것이 곧 자녀 교육의 목적이자 원칙이다.

하지만 아이의 자존감 확립을 위해서는 상황을 조금 다르게 바라볼 필요가 있다. 그렇지 않으면 부모의 역할과 과제가 모두 실패로 돌아갈 수도 있다.

인생은 한 편의
영화와 같다

　자신의 삶에 더해 또 하나의 삶을 책임지는 일은 어떠한 경우라도 결코 만만히 볼 수 없다. 아이는 분명 경이롭고 사랑스러운 존재이지만, 아이를 키운다는 것은 상당히 고된 작업이다.

　부모가 자녀를 키우는 일은 마치 영화 한 편을 찍는 것과 같다. 우선 모든 것을 시작하기에 앞서 좋은 시나리오가 갖춰져 있어야 한다. 이어 캐스팅 작업이 진행되어야 하며, 촬영에 임할 배우와 촬영 장소를 섭외해야 한다. 이에 따라 아이의 인생 시나리오에는 가족, 친구들, 선생님이 등장하며, 촬영은 사회, 체육, 미술 등을 배우는 학교와 아이가 즐겨 찾는 장소에서 진행된다.

시간이 흐르면서 장면 하나하나의 촬영이 진행되고, 예상치 못한 상황 및 변수들에 따라 때로는 중압감이 느껴지는 장면도 촬영하게 된다.

부모가 제시하는 한계선은 아이의 나이와 성장 수준에 따라 끊임없이 달라지며, 살면서 겪는 여러 상황들과 부모가 역점을 두는 관심사 역시 이를 변화시키는 요인으로 작용한다. 이혼과 결혼, 죽음, 이사 등 집안의 대소사 하나가 각본을 완전히 뒤바꾸어놓거나 작품의 전체적인 색채에 영향을 미칠 수도 있다.

각본과 촬영, 감독 등의 요소는 자녀 교육에 있어 가시적이고 객관적인 부분에 해당한다. 반면 자존감에 관한 작업은 제작 과정에서 크게 눈에 띄지는 않지만 영화의 전체적인 색깔과 분위기에 지대한 영향을 미친다. 삶이란 길면서도 굉장히 짧은 한 편의 영화와 같다.

부모의 권위에 좌우되는 아이들은 부모가 제시하는 대본의 틀 안에서 자신의 삶을 연기하게 된다. 따라서 아직 부모의 품 안에 있는 아이들은 부모가 정해둔 시나리오의 큰 틀에서 벗어나지 않으며, 이러한 상황은 자녀가 어느 정도 자립하여 (스스로 날갯짓을 할 준비가 된 상태에서) 자기만의 영화를 찍을 수 있을 때까지 지속된다.

최고의 각본이 준비됐다 하더라도 살다 보면 여러 가지 변수가 생기게 마련이다. 때로는 위기를 겪을 수도 있고, 파업의 상황에 직면할 수도 있다. 갑자기 들어갈 문이 쾅 닫히는 등 촬영 중 예상치 못한 일이 발생하기도 한다. 〈인생은 고요한 강물Life Is a Long Quiet River〉이라는 영화의 제목처럼 인생이 평탄한 것만은 아니기 때문이다. 더욱이 우리가 아이에게 멋진 시나리오를 보여주고 주인공이 되고자 하는 욕구를 불러일으키면서 인생이라는 이름의 이 영화에 출연할 것을 제안한 상황이니만큼 더 긴장되지 않을 수 없다.

아이의 자존감의 확립을 위해 지속적인 공을 들이는 상황이라면 영화의 각본이나 감독 부분에만 신경을 써서는 안 된다. 배우의 연기와 관련한 부분도 고려해야 한다. 또한 부모들이 구상하는 자녀 교육의 시나리오는 대개 비슷비슷하다. 모두들 내 아이가 건강하고 똑똑하게 자라길 바라며, 최고의 가르침과 교육 속에서 행복하게 살아가길 바라기 때문이다.

다만 이 획일적인 각본에서 변수가 되는 지점은 자신의 역할을 소화해낼 아이들의 실질적인 역량이다. 배우의 연기와 마찬가지로 자존감 역시 구체적으로 뭐라 설명할 수도 없고 눈에 잘 띄지도 않는 부분이기 때문이다. 그런데 배우의 연기력을 끌어낼 마술을 부리지는 못하더라도, 이 배우가 최고의 컨디션에서 연기하도록 도와줄 수는 있다.

세상의 모든 아이들은 저마다 무대의 주역이 되길 희망한다. 그런데 영화에서 배우가 즐겁게 주인공 역할을 맡으려면 몇 가지 조건이 필요하다.

1   **훌륭한 대본** 형편없는 대본을 위해 자신의 모든 것을 바칠 배우는 없다.

2   **불안감 극복** 무대에 오르면서 배우가 관객을 실망시키는 것에 대한 두려움을 가져서는 안 된다. 자녀 교육에 있어서는 부모나 보호자가 관객에 해당한다.

3   **실패를 통한 교훈 습득** 첫 촬영이 마음에 들지 않았다고 해서 좌절해서는 안 된다. 연극이나 영화에서 반복적으로 리허설을 하는 이유도 여기에 있다.

4   **감정의 전달** 배우는 자신이 느끼고 생각하는 것을 나름의 방식으로 상대에게 전달할 수 있어야 한다.

5   **변화에의 적응** 촬영 여건과 시나리오는 언제든지 바뀔 수 있다. 사람은 천성적으로 변화를 기피하는데, 이러한 변화에 대비한다면 주변 상황의 변화를 보다 쉽게 감당할 수 있다.

6 확고한 의지 자신의 의지는 확고히 하면서 촬영에 임하는
   법을 배워야 한다. 좋은 영화가 만들어지기 위해서는 각자
   자신의 역할을 해내는 것이 필수적이다.

7 배우의 요구 사항에 대한 충족 배우의 변덕에 맞추어주라는
   뜻은 아니다. 최적의 상황에서 자기 역할을 소화하기 위한
   정당한 요구 사항을 들어주라는 것이다.

8 대본상에서의 역할 성장 고려 인생이라는 영화는 평생 동안
   찍어야 하는 장기간의 작업이다. 따라서 배우로서 아이는
   평생 자신의 역할에 전념해야 한다.

9 역할에 대한 애정과 책임 자신이 맡은 배역을 사랑하고 책임질
   수 있어야 한다.

10 믿음의 유지와 즐거움의 터득 자신의 역할로부터 배움과 믿음,
   즐거움이라는 가치들을 터득한 뒤, 아이 스스로 자기
   영화를 만들어갈 또 한 명의 감독으로 거듭나야 한다.

   배우가 자신의 역할과 연기의 목적을 제대로 알지 못하면
자신감이 흔들리게 된다. 또한 아이는(배우는) 얼마든지 의욕적인
사람이 될 수 있지만, 사람들이 자신에게 기대하는 바를 알지
못하면 결국 즉흥적으로 행동할 수밖에 없다.
   자신이 맡은 배역에 스스로 적임자가 아니라고 생각할 경우,

아이는 배역에서 자기 이름을 지우거나 억지로 연기를 하게 된다.
뭘 하더라도 무조건 받아주면 아이는 자기 마음대로 변덕이나
행패를 부리기 쉽다. 또한 연이어 실패를 거듭하는 경우에는
스스로의 역량을 의심하게 될 것이다. 인생이라는 작품에 대한
주인의식이 없으면 어른이 된 후에도 남의 말에 쉽게 이끌릴 수
있다. 따라서 낮고 불안정한 자존감의 모든 특징을 다 드러내게 될
것이다.

아이의 마음에 자리 잡은
여러 개의 심상

　아이의 자존감이 인생이라는 영화에 어떤 식으로 지속적인
영향을 주는지 구체적으로 알아보기에 앞서 쉽게 해볼 수 있는
상상 훈련 한 가지를 제안해보고자 한다.

　어릴 적 요정이 내 요람을 굽어보면서 나에게 흔들림
없는 자신감을 심어주고, 하나의 운명과 자기애를 선물로
주었다고 치자. 그러한 선물을 받은 나는 오늘날 어떤 어른으로
성장하였는가? 이는 그리 어렵지 않게 해볼 수 있는 훈련이다.
그저 궁금한 것도 많고 하고 싶은 것도 많았던, 그리고 갖고
싶은 것도 필요한 것도 많았던 어린 시절의 자신을 떠올리기만
하면 된다. 크게 심호흡을 한 뒤, 머릿속으로 어린 시절의 나를

상상해보자.

머릿속으로 유년기의 이미지를 떠올리는 게 불가능할 것이라고는 생각하지 마라. 그건 우리의 뇌가 가진 힘을 과소평가하는 것이다. 뇌의 기능은 본디 이를 위해 존재하며, 우리는 평생 뇌가 떠올리는 이미지에서 벗어나지 못한다. 태어날 때부터 앞을 보지 못하고 소리를 듣지 못했더라도 뇌에서 이미지를 떠올리는 데에는 아무런 문제가 없다. 여기에서 뇌 기능에 대해 과학적으로 설명할 생각은 없다. 자세히 알고 싶다면 신경학자나 심리학자의 책을 찾아보아야 할 것이다. 우리의 뇌가 어떤 식으로 기능하는지 자세히 설명하는 것은 이 책의 목적에 부합하지 않는다. 나는 다만 독자들이 마음속의 이미지를 재현하는 심상의 개념을 이해할 수 있기만을 바랄 뿐이다.

우리의 마음속은 여러 가지 심상들로 채워진다. 마음속으로 떠올리는 표상이나 스스로 지각한 것들로 우리의 마음속이 채워지는 것이다. 한 마디의 말은 머릿속에 하나의 심상을 던져주고, 기억을 통해 심상을 움직인다. 무의식은 일종의 데이터베이스로서, 그 사고 과정은 상당히 빠른 속도로 진행된다. 대부분 심상이 전개될 새도 없이 무의식의 작용이 이뤄진다.

하나의 심상은 하나의 지각에 해당한다. 다만 우리의 마음속에 자리한 심상은 사진 속 피사체처럼 테두리 안에 갇혀 있지 않다. 이는 꼭 시각적으로 보이지 않을 수도 있다. 감정으로 와 닿을 수도 있기 때문이다. 말 한 마디 한 마디는 우리의 정서에 무언가 영향을 미치고, 이러한 정서 작용으로 마음속에 심상이 그려진다. 실제로 심리 치료에서 행동 교정이 이뤄질 때에도 바로 이러한 심상 작용을 기반으로 한다. 단어와 결합된 이미지는 상처를 줄 수도 있고, 치료의 도구가 될 수도 있다.

하나의 심상은 늘 개인의 경험을 통해 느껴지고 삶의 경험을 통해 해석된다. 아무런 정서가 동반되지 않은 심상이란 있을 수가 없다. 이는 연령대를 불문하고 모든 인간에게 공통으로 적용되는 부분이다.

이제 우리 머릿속에 혹은 눈앞에 그려지는 이 같은 심상들이 자신에게 무엇을 떠올리게 하는지 곰곰이 생각해보자. 심상이 결합되어 머릿속에 떠오르는 단어들에서 어떤 감정이 느껴지는가? 책은 잠시 덮어두고 머릿속으로 계속 생각을 떠올려보자.

누군가 나를 감싸 안아주고 한없이 기쁘게 하며, 헤아릴 수 없이 큰 선물을 안겨준 그 순간, 아주 잠시 동안만이라도 그와 같은 기억을 떠올려보는 것이다.

나는 지금 어린아이다. 아니, 태어난 지 얼마 안 된 갓난아이일 수도 있다. 인생에 이제 막 첫발을 내디딘 상태로서, 걷지도 못하고 혼자서 밥을 먹지도 못한다. 따라서 나를 돌봐주는 한 어른에게 전적으로 의존해 있는 상태다. 그리고 몇 분간 이 어른의 품 안에 폭 안겨 있다. 남자인지 여자인지 모를 이 보호자는 나의 미래에 지대한 관심을 갖고 있다. 조금씩 기어 다닐 수 있게 되자 이 사람은 나를 가슴팍에 꼭 끌어안아준다. 그러자 이 사람의 편안한 숨소리가 들려온다. 이 사람과 같은 속도로 내 심장도 뛰고, 내 호흡을 통해 이 사람의 호흡도 함께 느껴진다. 이 사람의 냄새에 마음이 편안해지고, 이 사람 특유의 냄새를 나는 이미 알고 있다. 나에게 친절하고 상냥하게 이야기하는 이 사람은 자기에게는 오직 나밖에 없다며 매일 나를 꼭 껴안아준다. 그리고 나에게 상당히 각별한 이야기들도 들려준다.

나에게 하는 말과 어조에서는 따뜻한 온기와 애정이 느껴지며, 마음을 달래주는 목소리 톤에 마음이 편안해진다. 여느 아이들과 마찬가지로 나도 호기심으로 충만하고, 배움에 목마른 상태다. 나는 주변 사람들의 반응에도 굉장히 민감하다. 나를 대하는 주변 사람들의 호감 어린 태도에 크게 좌우되는 까닭이다.

이 사람의 감미로운 목소리는 내게 끊임없이 무언가를 이야기한다. 무슨 말인지 알아듣기는 힘들지만, 그건 별로 중요치 않다. 어쨌든 나는 따뜻한 온기를 느끼고 있고, 애정으로 나를 대하는 이 사람의 품에 안겨 안도감을 느끼기 때문이다. 나를 돌봐주는 이 사람은 규칙적으로 요람을 흔들어주며 내게 이야기를 들려주는데, 무언가 굉장히 흥미롭고 중요한 이야기를 하는 듯하나, 아직까지 나는 그냥 가만히 계속 들어주기만 하는 상태다.

이 사람은 항상 진심 어린 말을 늘어놓기 때문에, 이야기의 진실성에 대해서는 의심의 여지가 없다. 나와 상당히 밀착된 관계를 유지하면서 나에 대해 이야기하고, 또 내가 이 사람에게 표현한 것에 대해서도 이야기를 들려준다. 애정 어린 눈빛으로 바라보며 부드럽게 내 머리를 어루만져주기도 한다.

이 사람은 항상 나의 미래에 대한 확신을 갖고 이야기하며, 자신이 얼마나 나를 믿고 있는지, 또 나의 미래에 대해 얼마나 확신하고 있는지도 말해준다. 나에게서 새로이 어떤 발견을 했는지, 앞으로 내가 어떻게 살아가야 할지도 이야기해준다. 뿐만 아니라 아주 먼 미래의 나에 대해 말해줄 때도 있으며, 내가 세상에서 제일 사랑스럽고 멋있는 사람이라고 한다. 진심을 담아 단호하게 이야기하며, 그 어조에서 결연함과 책임감이 느껴진다. 이 사람은 앞으로 나를 어떻게 키울 것인지에 대한 대략적인 계획도 설명해주고, 어떻게 하면 내가 목적지에 도달할 수 있는지도 이야기해준다.

나는 고작 아기일 뿐인데도 나를 돌보고 키워주는 이 어른은 나를 미래의 한 남자, 혹은 한 여자로서 존중하고 찬미한다. 이 사람은 내 미래에 대한 신념이 확고하다. 이 사람의 목소리만 들으면 마음이 뭉클하고, 이 사람의 품 안으로 좀 더 찰싹 달라붙고 싶은 마음이 든다. 이 사람이 하는 말을 다 이해하지는 못하지만, 듣기 좋은 말들임에는 틀림이 없고, 감미로운 선율처럼 기억 속에 각인된다.

시간이 흘러도 이 사람은 늘 내게 같은 이야기를 반복하여 내 마음을 달래준다. 이 사람의 입에서 나오는 말들은 점점 더 내게 의미를 가지며, 차츰 나도 이 사람의 말을 알아들을 수 있게 된다. 나를 돌봐주는 이 어른이 이러는 이유는 비단 나를 사랑하기 때문만은 아니다. 이 사람은 나를 상당히 호의적으로 평가하며, 나의 잠재력을 알고 있고, 있는 그대로의 나를 존중해준다.

기억 속에 남아 있는 유년기의 이 따스한 선율과 더불어 나는 한 살, 한 살 몸과 마음의 키가 자라나고, 삶을 배워나간다. 언젠가부터 거리 위를 활보하게 되었고, 보조바퀴가 없는 두발자전거를 탄 채 돌아다니기도 한다. 나를 키워준 이 사람이 내게 심어준 믿음의 말들을 떠올린 덕분에 가능한 일이었다.

대학에 들어가 사랑하는 연인을 만날 때까지 인생의 매 순간마다 유년 시절의 이 감미로운 선율이 내 머릿속에서 알게 모르게 조용히 울려 퍼졌다. 나에 대한 그 사람의 확신은

성장할수록 내 스스로의 확신으로 바뀌었다. 내 머릿속 어딘가에
자리한 그 따스한 말들로 말미암아 내가 사랑받는 사람이라
확신하고, 조건 없이 사랑스러운 사람이라 믿어 의심치 않는다.
나에게 주어진 운명이 있음을 믿고, 나는 삶의 다양한 상황들에
적절히 대처해나갈 수 있다.

　　이제 어른이 된 내게 있어 어린 시절의 그 말들 하나하나가
의미를 갖게 되었고, 유년기의 감미로운 선율은 머릿속에 늘
조용히 배경음악으로 깔리며, 나는 내가 생각했던 한 남자 혹은 한
여자로서 잘 살아가려 노력한다. 나에 대한 자신감을 잃지 않으며,
내 삶의 주인은 나라는 생각으로 충만하다. 의무감에 무언가를
억지로 하고 있지는 않지만, 해야 할 일을 하는 것의 의미와
책임감의 의미는 인지하고 있다. 옳다고 믿는 바를 당당하게
행하며, 내가 원하는 방향대로 세상을 변화시키는 데에도
기여한다. 나에게 좋은 게 무엇인지 알고 있으며, 내 이해관계가
타인에 의해 좌우되게 방치하지도 않는다. 스스로의 천부적인
재능을 지각하여 계발해나가며, 한두 개의 꿈을 갖고 있고,
매일매일 그 꿈에 조금 더 가까이 다가갈 수 있도록 노력한다.
거울에 비친 자신의 모습을 호의적인 시선으로 바라보되 오만함에
빠지지도, 그렇다고 스스로를 폄하하지도 않는다. 인간으로서

자신의 가치를 잘 알고 있으며, 모든 인간은 존엄하다고
생각한다. 딱히 기대하지는 않지만 다른 누군가가 내 부족한 면을
채워주었으면 좋겠다고 생각하고, 장단점이 있지만 그 자체로
사랑받길 바란다.

제대로 성장한 어른으로서, 나는 이제 삶에 대한 믿음을
전달하는 주체가 된다. 이제는 내 품 안에 아이가 안겨 있으며,
사랑으로 아이를 꼭 끌어안고, 애정 어린 시선으로 아이를 본다.
아이의 눈에서는 삶에 대한 의지와 잠재력이 느껴진다. 아이는
이제 막 인생의 첫발을 내딛는 것뿐이지만, 아이를 꼭 끌어안으면
뭔지 모를 벅찬 즐거움으로 가슴이 부풀어 오른다. 비록 갓 태어난
아기에 불과하지만, 나는 이 아이의 미래에 대해 내가 갖고 있는
계획을 이야기해줄 생각이다. 나는 아이에게 따뜻하고 애정 어린
목소리로 아이 앞에 펼쳐질 삶이 얼마나 아름다운지, 또 얼마나
많은 기회와 가능성이 열려 있는지 이야기해줄 것이다. 비록
아직은 아이가 내 품 안에 폭 안겨서 내가 하는 말에 귀를 쫑긋
세우고 있고, 내 말이 다 옳다고 생각하는 상황이긴 하지만, 어찌
됐든 나는 이 아이에게 먼 미래의 이야기를 전해줄 것이다.

나는 아이의 마음을 끊임없이 달래고 어루만져준다. 아이는
분명 어엿한 어른으로 부족함 없이 성장하여 자신의 모든
잠재력을 발산할 것이며, 아이에게 나는 내 손으로 문을 열어준 이

삶에 대한 경이로운 이야기들을 전해줄 것이다.

　품 안에 아이를 꼭 끌어안고서 이런 이야기들을 해주고 싶지 않은가? 그리하여 아이가 엄연한 한 사람의 인간으로 제대로 성장하는 데 꼭 필요한 자존감을 선물하고 싶지 않은가?
　아이를 키우는 부모든, 할머니, 할아버지든, 이모 혹은 고모나 삼촌이든, 맏형 혹은 맏누이든, 아이를 가르치는 교사든, 이웃 혹은 지나가는 친구든 당신 주위에는 당신이 가슴으로 품은 뒤 그 마음에 대고 이야기를 해줘야 할 아이가 늘 한 명씩은 있을 것이다.

내 아이가 장차 자신에게
부족한 점을 채우려 애쓰면서
사랑할 수 있는 사람이면 좋겠고,
자신이 한 약속을 지키면서
자부심을 갖고 당당하게 살아가는
사람이면 좋겠다.

우리는 인형을
키우는 게 아니다

진정으로 부모가 되었음을 깨달았던 때가 있는가?

이런 질문을 하는 이유가 어느 정도 짐작이 된다면, 그리고 우리가 한 아이를 키우는 목적이 어엿한 한 사람의 인간으로 만드는 데에 있다는 것에 동의한다면, 내가 겪은 다음의 일화를 주의 깊게 살펴봐주기 바란다.

내가 진정한 엄마로 거듭났던 날은 내 아이를 출산한 날이 아니라 아이가 처음으로 가출한 날이었다. 그 당시 이 사건은 내게 상당한 충격으로 다가왔고, 이 사건을 계기로 부모로서의 책임감이 급격히 늘어났다. 사실 당시에는 거의 정신을 차리기 힘들 정도로 책임감에 압도됐다.

　그 당시 아이는 이제 막 돌을 지난 나이였고, 작은 돌멩이를 포함하여 눈에 보이는 무엇이든 입으로 가져갈 때였다. 다른 사람들이야 어찌 생각하는지 모르겠지만, 아이가 사방팔방 돌아다니며 보이는 건 뭐든지 입에 주워 넣는 그 시기가 부모 입장에서는 상당히 피곤하고 힘들다. 아이에게서 잠시도 시선을 떼지 못하고 끊임없이 감시하는 일은 정말 보통 일이 아니었다. 아이를 먹이고 재우고 씻기며 돌보는 것에 더해 탁자 모서리로부터도 아이를 보호해야 했고, 불개미나 모기로부터도 아이를 지켜내야 했기 때문이다.

　이에 지극히 평범하고 평온하던 주변 환경은 아이에게 더없이 위험한 지뢰밭으로 여겨졌고, 아이는 위험한 것들만 쏙쏙 골라내는 탁월한 재주가 있었다. 가령 깨진 유리 조각이 청소기에 빨려 들어가지 않은 채 소파 밑에 있던 것을 발견하고는 온갖 수단을 동원해 집어먹으려 발버둥을 치는 식이었다. 심지어 유리 조각을 집으려던 와중에 먼지 구덩이에서 별의별 것을 다 집어먹기도 했다.

　이 시기는 아이에 대한 경계를 늦출 수 없어 힘든 시기이기도 하지만, 정서적으로도 부모의 감정이 풍부해지는 때이기도 하다.

자신의 목숨까지 희생할 수 있을 정도로 누군가를 사랑하는 시기이기 때문이다. 내가 그 정도의 조건 없는 사랑을 느꼈던 것도 이때가 처음이었다.

하지만 나처럼 시간에 얽매이고 습관적인 삶을 싫어하는 사람이라면 이 시기가 상당한 제약으로 느껴질 수도 있다. 그러나 아이들은 습관적인 삶을 필요로 한다. 그래야 삶의 과정들을 배워나갈 수 있기 때문이다.

아이를 사랑하고 지켜주며 가르치는 것, 나는 이를 능히 해낼 수 있는 사람이라 생각했다. 사실 평소에 아이를 돌보는 일에는 별 무리가 없었다. 아이의 건강을 위한 다양한 음식을 먹이면서 미각을 발달시키는 일은 그리 어렵지 않았다. 집 안과 정원 곳곳의 지뢰들로부터 아이를 지키는 일도 그렇게 힘들지는 않았다. 춤을 추면서 아이의 청각을 깨워주었고, 색감이나 그림에 대해서도 감각적인 발달이 이뤄지도록 노력했다. 아이에게 말하는 법을 가르치고, 여러 가지 이야기도 들려줬다. 자장가도 많이 불러주고 싶었지만, 나는 아이가 세상에 태어난 걸 후회할 만큼 노래를 못했다. 그래서 이 부분만큼은 CD의 힘을 빌렸다.

이 모든 것은 사실 구체적으로 눈에 띄는 부분이다. 그에 대한 성과도 쉽게 가늠할 수 있었다. 아이의 성장 곡선을 보면 아이가 얼마나 잘 크고 있는지 확인할 수 있었기 때문이다. 뿐만 아니라 아이가 웃거나 미소 짓는 것만 보더라도 아이가 내적으로 얼마나 평온한 상태인지 확인이 가능했다.

그런데 아이가 돌멩이를 주워 먹은 문제의 그날, 나는 아이에게 약간의 손찌검을 했다. 그러자 아이는 불같이 화를 내며 집 밖으로 나가더니 두 집 건너 있었던 유모 집으로 향했다. 걸음마를 뗀 지 몇 달 되지도 않은 아이가 생애 첫 가출을 시도한 셈이다.

그날 아이가 대문 밖으로 나서는데도 내가 왜 아이를 말리지 않았는지는 잘 모르겠지만, 나는 아이의 의중이 궁금했다. 내심 속으로는 나도 한 단계 위로 올라가기 위한 계기가 필요하다고 생각했는지 모른다. 아이에게 최적의 환경을 보장해주기 위해 나로서는 최선을 다했지만, 좀처럼 손에 잡히지 않는 무언가가 있었다. 내 교육 방식에 어딘가 부족함이 있다는 건 알았지만, 그게 뭔지는 확실히 알 수가 없던 상황이었다.

아이는 내가 자기 뒤를 쫓아오고 있다는 걸 분명히 인지하고 있었다. 자기만의 언어로 뭔지 모를 소리를 내뱉고 있었는데, 그러면서도 내가 너무 가까이 오지는 않는지 계속해서 살피고 있었다. 나는 아이의 결연한 의지에 감탄했고, 자신이 원하는 걸 얻지 못한 아이가 매몰차게 돌아서는 모습에 할 말을 잃었다.

그날 유모 집으로 도망간 아이가 내게 깨닫게 해준 것은 아이에 대한 양육 의지가 있다면 그 누구든 아이를 돌보고 키울 수 있다는 점이었다. 아이의 가출을 방조한 것은 분명 무책임한 행동일 수 있겠지만, 조금 물러서서 생각해보면 이 같은 판단은 내게 있어 매우 결정적이었다. 엄마로서, 그리고 여자로서 내 인생의 전환점이 되었기 때문이다.

그날 나는 부모로서의 책임감을 오롯이 느낄 수 있었다. 그간 내가 해온 모든 것들이 아이의 즉각적인 요구만 해소시켜주는 피상적인 수준에 머무르고 있었다는 생각도 들었다. 지금까지 내가 빙산의 일각에 해당하는 부분만 신경 써오고 있었다는 사실을 깨달은 것이다. 나는 그저 아이를 키우는 방법에만 집중해왔다. 아이를 사랑하고, 돌봐주며, 아이를 교육하고, 위험한 것들로부터만 지켜주면 된다고 생각한 것이다. 나는 스스로의 양육 방식에 대한 거시적인 안목 없이 그저 단기적인 관점에서만 아이를 기르고 있었다.

아이를 어엿한 어른으로 성장시키려면 빙산의 보이지 않는 부분에서 무슨 일이 일어나고 있는지도 알아야 한다. 좀 더 장기적인 관점에서 포괄적이고도 심오하게, 그러면서도 섬세한 부분까지 살피며 아이를 돌보는 것이다. 따라서 아이가 즉각적인 만족감을 느끼고 대가나 보상을 받는 것과 상관없이 궁극적으로 무엇에 관심을 가지고 있는지 예의주시할 필요가 있었다.

　그날 나는 내가 아이의 자의식을 깨워주기보다 아이의 자아를 구축하는 데에만 일조하고 있었음을 깨달았다.

　아이를 대하는 나의 모든 행동에 그 의미가 깃들어 있었다. 수단이 곧 목적이 되어서도 안 되는 것이었다. 부모의 진정한 역할은 아이를 그저 양육하는 데에만 있는 것이 아니라 아이를 말 그대로 '성장'시키는 데에 있다. 아이를 성장시키는 법에 대해 인식하지 못하다 보니 나는 그저 엄마로서 해내야 할 어마어마한 일들에만 압도되어 있는 상태였다. 엄마로서 잘해내겠다던 다짐이 무너지고, 아이 하나 제대로 키워내지 못하는 내 자신의 무능력 앞에서 상당한 좌절감을 느꼈다.

　나는 이미 수십 억 명이 살고 있는 이 지구상에 그저 인구 한 명 더 늘리려고 아이를 낳은 건 아니었다. 나는 이 세상에 쓸모 있는 사람을 한 명 더 늘리고 싶은 것이었다.

　나는 아이를 키우기 위해 필요한 제대로 된 지식을 갖추지 않고 그저 직관적으로 아이를 길러왔다. 물론 쓸모 있고 유용한 방법을 찾기 위해 책을 수십 권씩 읽긴 했다. 나의 현실에 부합하고, 엄마로서 내가 할 수 있는 것에 관한 일이라면 무엇이든 가리지 않고 열심히 파고들었다.

하지만 부모는 자신의 인생 시나리오와 아이의 인생 시나리오 사이를 끊임없이 오가는 사람이다. 이 두 인생 각본 사이의 접점을 찾으려면 자신에 대한 고민도 많이 해야 하고, 수많은 질문을 던진 뒤 그에 대한 적절한 답도 찾아낼 수 있어야 한다. 물론 말이 쉽지, 이를 실제로 하기란 쉬운 일이 아니다.

나는 결국 아이의 자의식을 깨우고 아이를 존재 그 자체로서의 사람으로 만들어줄 수 있는 방법을 찾았다. 바로 '높고 안정적인 자존감'을 가지게 하는 것이었다. 이러한 자존감은 장차 어른이 되어 마음껏 날갯짓을 할 아이에게 있어서도 중요한 부분이고, 사회 전체로 봤을 때에도 굉장히 중요한 요소다. 모든 사람이 사회에서 자기 자리를 찾기가 쉬운 일은 아니지만, 이를 성공하는 사람도 많이 있다. 그것은 바로 이들이 높고 안정적인 자존감을 갖고 있기 때문이다.

나는 안정적인 자존감이 정확하게 어떤 작용을 하는지 알아내기 위해 고심했다. 자존감과 자신감을 구분하는 것이 늘 쉽지 않았기 때문이다. 하지만 이 둘은 서로 다른 범주의 힘으로서, 서로 맞물려 있을 뿐이다.

대부분의 사람들처럼 나 역시 아이에 대한 사랑은 그 자체가 목적이라 생각했다. 그러나 이는 삶을 더 아름답고 즐겁게 만들기 위한 하나의 수단에 불과하다. 아이에 대한 사랑이 있으면 보다 편안하고 안락한 삶이 가능해지는 것뿐이다.

아이에 대한 애정과 애착이 있을 경우 아이를 양육하는 것이 조금 더 수월해지긴 하나, 그렇다고 이것이 의무 사항인 것은 아니다. 아이를 보살피며 가르치고 사랑하는 것은 그저 수단에 불과할 뿐인데도 나는 그것 자체가 목적에 해당하는 것이라 생각했다. 이러한 생각에 일부 독자들은 내가 제정신인지 의아해할 수도 있다. 아마도 아이를 사랑하는 것만으로도 충분하지 않냐고 반문할 것이다. 하지만 아이를 장차 한 사람의 버젓한 인간으로 만드는 데에는 부모의 사랑만으로는 부족하다.

완벽함을
추구하지 않는다

모든 부모는 자신이 그 부모에게서 받은 것보다 더 잘하기를 바란다. 개인적인 평가에 따라 조금 더 욕심을 내는 부분도 있을 것이고, 그렇지 않은 부분도 있을 것이다. 이에 나는 아이의 올바른 자존감 확립을 위한 열 가지 방법을 연구할 때, 인간으로서 부족한 면을 기본적으로 보완해주는 방향으로 작업을 진행했다.

어릴 적 애정 결핍을 느꼈던 사람들이 부모가 되면 자신의 아이에게 부족함 없는 사랑을 주고자 노력한다. 그런데 자녀에게 넘치는 사랑을 베풀기만 하면 된다고 생각한 나머지, 자신의 지나친 애정 때문에 아이가 숨 막힐 수도 있다는 생각은 하지 못한다. 또 살면서 자신의 기량을 내보일 기회가 부족했던 사람은 아이에게 과한 교육을 시켜 초인적인 사람으로 만들려 애를 쓴다. 우리는 대개 어릴 적 자신에게 충분히 주어지지 않았다고 생각하는 부분들에 집착하게 마련이다. 이러한 부분들은 어른이 된 이후에도 일종의 강박증처럼 우리를 사로잡는다. 유년기에 자신이 조금 더 누리고 싶었는데 그렇지 못했던 부분들을, 내 아이만큼은 느끼지 못하게끔 아이를 가르치고 교육하려 드는 것이다.

그래서 이 책에 수록된 열 가지 계율 중 하나로 집어넣은 것이 바로 '완벽함을 추구하지 마라'는 것이다. 사실 상담을 하다 보면 완벽한 부모에 완벽한 아이를 추구하는 사람들이 너무 많아서 이 부분을 거듭 강조하지 않을 수가 없다.

본디 인간이란 실수를 저지르고 감정에 이끌리기 쉬운 존재다. 하지만 인간에게는 보다 고귀한 특성이 있다. 용기와 지성, 참신한 생각, 선의와 연민, 다정한 성품, 호기심과 열의 모두가 인간이 가진 특성이다. 그리고 우리는 바로 이러한 것들을 아이에게 전수해주고 싶어 한다.

하지만 아이에게 이상적인 교육을 하고, 최적의 환경에서 아이를 키우며, 완벽한 부모가 된다는 건 모두 환상에 불과하다. 진정한 의미에서의 이상적인 교육이란 아이에게 견고한 가치들을

전해주고, 상식적인 삶의 규칙을 마련해주며, 아이의 건강과
안전을 보장하는 가운데 아이 스스로 지식과 교양을 쌓아갈 수
있도록 하는 것이다.

이를 가르치는 데 있어 더 유리한 환경이나 상황이 필요하지는
않다. 이 같은 교육은 상황 불문하고 언제 어디서든 이뤄질 수
있으며, 중요한 것은 환경이나 수단이 아니라 자녀 교육의 기본
방향에 대한 부모의 생각이다. 아이들에게 필요한 것은 완벽한
부모가 아니라 어엿한 인간으로 성장하는 과정에서 지표로 삼아야
할 기준과 교육이다.

자녀 교육의 최종 목적은 실패 한 번 하지 않을 완벽한 아이를
만들어내는 데에 있지 않다. 우리가 부모로서 책임을 다하는
이유는 아이가 장차 자신의 삶 속에서 스스로 자아를 실현할
방법을 찾아내는 성숙한 어른이 되도록 하기 위해서다.

아이 스스로 최선을 다하여 자신의 존재를 발견하도록 하기
위함이 아니라면 우리가 들이는 이 모든 노력이 무슨 소용일까?
부모란 그저 각자의 소양에 맞게 자신이 할 수 있는 일을 할
뿐이며, 내가 받은 것 이상으로 아이를 잘 가르치고자 하는 마음만
확실하다면 그것으로 충분하다.

일례로 나의 경험을 들어보면, 어릴 적 나는 다른 모든 아이들처럼 여러 가지 꿈과 희망으로 부풀어 있었다. 하지만 미래에 대한 내 확신이 보잘것없이 무너져버리고 만 탓에 나는 내 자신을 찾는 데에만 35년이라는 시간을 보냈다.

부모가 되었을 당시 내 나이는 스물한 살이었다. 나는 내 아이는 그렇게 이른 나이에 부모가 되게 하지 않겠다고 굳게 다짐했다. 아이에게도 어른이 되면 얼마나 위대한 인물로 거듭날 것인지에 대해 지겹도록 반복해서 말해주었다. 내 아이가 나처럼 자신이 세상에서 제일 쓸모없는 존재라 생각하거나 스스로의 존재감에 의심을 품지 않기를 바랐다. 거의 강박에 가까울 정도로 이런 생각에 사로잡혀 있던 나는 최선을 다하겠다는 의지만을 내세우며 상당한 압박감으로 아이의 어깨를 짓눌렀다.

그 당시 나의 문제는 내 인생의 시나리오와 아이의 인생의 시나리오를 혼동하고 있었다는 점이다. 아이 교육에 대한 목적과 개인적인 의욕을 제대로 구분하지 못했던 것이다.

나 역시 아이의 교육과 관련한 책이라면 정말 수도 없이 읽었고, 내가 갖지 못했던 부분을 아이가 누리게 해주고 싶었다. 내 아이에게는 밝은 미래가 예정되어 있기를 바랐으며, 아이가 사랑

안에서 자라며 자아실현의 길을 찾기를 원했다.

그 당시 나는 자존감과 정체성을 이루는 요소가 무엇인지 몰랐으며, 관련 저서들도 대부분 어려운 용어로 복잡하게 쓰여 있었다. 그마저도 자신감 교육에 초점을 맞출 뿐 자존감과 관련한 부분은 크게 다루지 않고 있었다. 관련 연구가 많아져 자존감에 대한 이해가 확대된 오늘날과는 조금 다른 상황이었다.

이에 따라 나는 아이에게 이런저런 생각을 주입시키려 노력했고, 부모로서 피해야 할 행동만을 일삼았다. 하지만 아이에게 있어 자존감이 구축되는 과정은 우리의 눈에 띄지 않는 곳에서 소리 없이 이뤄진다. 부모가 억지로 주입하려 해서 되는 일이 아니다.

아이가 여덟아홉 살쯤 되었을 때, 나는 아이에게 키플링의 유명한 시 〈만약에〉를 읊어줬다. "아들아, 너는 어엿한 한 사람의 인간이 되어 있을 것이다"로 끝나는 시였다.

이 마지막 시구를 읽었을 때, 나는 목이 메어오면서 두 뺨 위로 벅찬 감동의 눈물이 흘러내렸다. 어엿한 어른으로 성장한 내 아들의 모습이 떠올랐기 때문이다. 멋지고 근사한 어른, 삶에 대한 자부심과 용기로 가득 찬 패기 있는 어른, 정확히 이 시에서 묘사한 대로의 어른의 모습을 한 아들이 떠오른 것이다.

그러자 아이가 내게 "엄마, 왜 울어?"라고 물었다. "미래의 네 모습을 떠올리고 있거든." 눈물로 감정이 벅차오른 내가 이렇게 대답하자 아이는 얼굴을 찌푸리며 "그렇게 엄마를 울리는 사람이라면 나는 그런 어른은 되지 않을래!"라고 말했다.

아이에게는 내가 전하려던 메시지가 전혀 전달되지 않고 있었다. 눈물 한 번 흘린 것으로 수년간의 노력이 모두 물거품이 된 것 같았다. 게다가 아이의 눈에는 '엄마가 말하는 어엿한 어른이란 곧 우리 엄마를 울게 만드는 존재'라는 확신이 가득해 보였다.

자기 엄마를 고통스럽게 하려는 아이는 없다. 따라서 그 후 몇 달 동안 나는 아이의 오해를 바로잡으려 노력했고, 특히 아이가 '어엿한 어른'의 의미를 제대로 받아들일 수 있도록 애를 썼다.

책임 있는
부모란

한 가지 분명한 사실은 부모들 스스로도 자신이 무엇을 원하는지 제대로 아는 사람이 얼마 없다는 것이다. 물론 아이의 행복을 바라는 마음만큼은 모두가 똑같지만 말이다.

요즘 아이들이 왜 그리도 사는 게 힘든 것인지 생각해본 적이 있는가? 요즘 아이들은 질풍노도의 시기도 심하게 앓고, 학교생활도 제대로 유지하지 못하고, 공부도 끔찍이 싫어한다. 심히 예민한 성격이거나 지나치게 유약한 아이들도 많고, 의기소침하거나 자격지심을 가진 아이들도 한두 명이 아니다. 취업 돌파구를 뚫는 것은 하늘의 별 따기요, 스스로의 의지와 상관없이 혼자 살게 된 1인 가구도 많다.

부모 세대 입장에서는 사실 요즘 아이들이 왜 그렇게 힘들어하는지 이해하기가 쉽지 않겠지만, 이제는 삶의 방식도 전과 같지 않고 세상도 달라졌다. 참고로 내가 태어난 해인 1971년에 세계 인구는 37억이었다. 당시에는 인터넷도 없었고, 기업의 해외 진출도 지금처럼 많지 않았다.

그러나 그로부터 45년이 지난 지금, 세계 인구는 거의 두 배 가까이 증가하여 75억 명이 되었다. 매일 38만 822명의 아기가 새로 태어나는데, 이 무한 경쟁의 사회에서 초당 네 명의 신생아가 태어나는 것이다. 일 년으로 치면 1억 3900만 명이 태어나는 셈인데, 이쯤 되면 어느 정도 상황 파악이 되는가?

이렇듯 극심한 글로벌 경쟁 사회에서 행복하게, 그리고 번듯하게 살아가려면 75억 인구 중 한 명으로 태어난 아이는 세상에서 자기의 자리를 찾아야 한다. 다른 사람으로 대체되지 않을 자기만의 자리를 찾는 것이다.

2016년 프랑스의 기준으로 봤을 때, 아이 한 명을 열여섯 살까지 키우는 데에는 최소 10만 유로(약 1억 2400만 원)의 비용이 들어간다. 여기에 조금 더 욕심을 내어 아이를 좋은 사립학교에 보내고 음악이나 미술, 운동 등의 예체능 교육을 하며, 아이의 거주 환경까지 신경 써서 더 좋은 동네에 살고자 할 경우, 대도시에서 아이 한 명을 키우는 데에 들어가는 비용은 위 금액에서 두세 배 더 늘어난다.

그리하여 아이가 열여섯 살이 되면 아이의 용돈과 교통비, 학비가 늘어나서 아이 한 명에게 들어가는 양육비는 걷잡을 수 없이 늘어난다. 제아무리 자식을 위해 모든 걸 희생하기로 한 부모라 해도, 이쯤 되면 검소함이 몸에 밴 수도승이 되지 않을 수 없다. 그렇게 허리띠를 졸라매야 아이들 뒷바라지를 해줄 수 있기 때문이다.

하지만 자식을 키우는 부모의 목표는 곧 자식이 행복해지는 것이다. 아이가 행복해질 수 있다면 우리는 자신이 할 수 있는 모든 것을 다 한다. 사랑하고 아껴주며 아이가 필요로 할 때면 언제든지 달려가 도와줄 뿐 아니라 아이를 위해 돈과 시간, 에너지를 모두 쏟아붓는다. 부모의 목적은 단 하나, 아이가 '행복'해지는 것이다.

이렇듯 부모로서의 책임을 다하는 사람들은 아이의 건강과 교육을 위해 모든 것을 다 바친다. 아이가 어딜 간다 하면 택시 기사가 되어 아이를 데려다주고, 빨래와 장보기는 물론 먹을 것도 빠짐없이 잘 챙겨준다. 한창때 아이들은 잘 먹여야 하니까. 병원이 쉬는 날이나 한밤중에 아이가 아프면 응급실로 달려가기 바쁘고,

집 주위의 내과, 소아과, 이비인후과, 안과 의사들과는 죄다 안면을
터놓는다.

거의 7~8년간은 매주 일요일마다 아이들의 유도 대회, 축구
시합, 리듬체조 경기, 수영 대회를 쫓아다니느라 정신이 없다.
아이가 농구나 연극에 조금이라도 흥미를 보이면 부모도 괜히
그런 게 좋아지는 것만 같다.

문제는 그렇다고 해서 아이들의 행복이 보장되지 않는다는
점이다. 아무리 돈을 퍼부어도 어른이 되어 아이가 느낄 행복은
점점 멀어지기만 한다.

아이가 제대로 된 한 사람으로 성장하기 위한 밑거름으로 꼭
필요한 자존감이 뒷받침되지 않는다면, 아이에게 아무리 많은
교육비를 투자한다 해도 평온하고 행복한 미래가 보장되지는
않는다. 고급 주택가에 살고 아무리 돈이 많다 해도, 설령 뉴욕의
펜트하우스에 산다 해도 상황은 다르지 않다.

아이가 행복해질 수 있게 내가 할 수 있는 모든 것을 다
한다지만 대체 우리는 무엇을 위해 그렇게 하는 것일까?

부모로서 신경 써야 할 부분은 빙산의 윗부분이 아니라
물밑에 잠겨 있는 빙산의 아랫부분이다. 아이의 즉각적인 욕구를
해소해주는 것은 빙산의 윗부분에 해당하고, 아이에게 높고

안정적인 자존감을 심어주는 것은 빙산의 아랫부분에 해당한다. 부모는 아이가 필요로 하는 것을 사주는 사람이 아니라 아이가 올바른 자존감을 가지고 어엿한 어른이 되어 세상을 살아갈 수 있게 가르쳐주는 존재다.

행복하다는 것은
무엇일까

사랑한다는 것, 그리고 사랑받는다는 것은 무엇일까? 사랑하는 대상을 잃으면 우리는 행복해질 수 없는 걸까? 재산을 늘리고 비싼 차와 멋진 집을 가지면 우리는 행복할까? 그렇다면 반대로 원하는 것을 얻지 못했을 때 우리는 불행해지는 걸까? 원하는 직업을 가진다면? 그럼 우리는 이 직업을 잃기 전까지만 행복한 것일까? 직업을 잃으면 어떻게 되는 걸까?

행복은 결코 그 자체로 목적이 되어서는 안 된다. 행복이 우리의 목적이 되는 순간 좌절과 실망은 결코 피할 수 없기 때문이다. 우리는 늘 행복감을 느낄 수는 없다. 인간의 본성상 이는 결코 이뤄질 수 없는 일이다.

사람은 저마다 행복을 나름의 방식으로 인식하며 각자의 정의를 갖고 있다. 어떤 사람을 행복하게 만들어주는 무언가가 반드시 다른 사람에게도 행복을 만들어주지는 않는다. 행복이란 하나의 공상에 불과하다. 하지만 행복한 순간, 만족스러운 순간은 실질적으로 존재한다.

　　이러한 행복의 순간은 물리적으로도 지각할 수 있다. 행복감을 느낄 때면 몸도 한결 가벼운 느낌이고 애매하던 생각들도 쉽게 정리되기 때문이다. 기쁘고 만족스러운 느낌이 저 깊숙한 어딘가에서부터 마음 전체로 퍼져나가는 느낌이 들고, 지금 이 순간을 오롯이 느끼면서 자신의 직관과 느낌이 맞아떨어져 간다는 생각에 뿌듯함이 생긴다. 이제 모든 게 다 된 것 같은 생각이 들면서 더 이상 무언가를, 혹은 누군가를 손에 넣으려 애쓰지 않으며, 이 순간만큼은 그 어떤 암울한 생각도 들지 않는다.

　　행복감이나 만족감을 느끼는 축복받은 순간에는 더 원하는 것도 없다. 따라서 다른 누군가의 자리가 부럽다는 생각도 들지 않는다. 이렇듯 실질적으로 존재하는 것은 오로지 행복의 순간뿐이다. 사람들이 행복을 느낄 수 있는 이유는 이러한 행복의 순간들을 깨닫고 소중히 여길 줄 알기 때문이다. 행복한 사람들은 자신이 만족할 만한 상황을 계속해서 추구하며, 특히 적극적으로 이러한 상황을 만들어낸다. 이 같은 정신 상태를 유지하는 사람들의 공통점은 바로 '높고 안정적인' 자존감을 가졌다는 것이다.

　나는 오로지 나로서 존재할 뿐이며, 이렇듯 '행복의 순간'을 경험하는 주체도 바로 나 자신이다. 상황이나 맥락도 지극히 개인적이고 주관적인 내 생각과 바람에 맞춰지며, 모든 것은 내가 원하는 방향으로 흘러간다. 예식장에서 배우자와 내가 하나로 맺어짐으로써 만족감을 얻었다면 무언가가 채워지는 느낌이 무엇인지 잘 알 것이라 생각한다. 성적이 원하는 만큼 잘 나왔거나 꿈에 그리던 직업을 얻었을 때, 뛸 듯이 기쁘다거나 그 기쁨을 주변 지인과 함께 나누고 싶은 생각이 드는 것도 모두 마찬가지일 것이다.

　아이가 맨 처음 내 품에 안겼을 때, 혹은 아이가 첫 걸음마를 떼었을 때, 그 순간의 기쁨을 다른 것과 바꾸려는 이는 아무도 없을 것이다. 단 한 순간도, 아니 그런 상상조차 했을 리가 없다. 스스로에게 너무도 만족스러운 상황이기 때문이다. 행복을 이렇게 자신의 바람이나 욕구가 완전히 충족된 상태라 정의한다면, 결국 최종 목적에는 바로 나 자신이 있지 않을까?

　아이들이, 그리고 부모인 자신이 행복하길 바란다는 것은 너무도 추상적이고 이상적이다. 현실과 동떨어진 이 막연한 바람 때문에 아이들뿐만 아니라 부모도 자신의 어깨에 너무도 무거운 짐을 얹고 있다.

행복은 우리가 살아가는 동안 얻게 되는 무언가(목적)가 아니라 우리의 삶에 새로이 추가하는 무언가(수단)이다. 하지만 행복을 목적으로 삼다 보면 우리는 이러한 사실을 잊고 만다. 따라서 모든 인간이 바라는 이 막연한 바람을 보다 구체적인 목표로, 특히 실제로 적용하기 쉬운 무언가의 계획으로 바꾸는 편이 더 나을 것이다.

사람은 자신의 생각대로 살아갈 때에 비로소 행복감과 만족감을 느낀다는 사실에 유념하며 행복에 대한 새로운 시각으로 가만히 다음의 질문을 되새겨보라.

우리는 아이들에게 과연 무엇을 바라고 있는가?

우리는 언제
행복해질까

행복은 매 순간의 결정으로 좌우된다. 스스로 행복할 자격이 없다는 생각을 무의식적으로 하는 사람들도 있고, 누군가에게는 장애물로 받아들여질 무언가를 새로운 기회라 생각하는 사람들도 있다. 또 어떤 한 가지 상황에 대해 자신이 피해자임을 내세우는 사람이 있는 반면, 자신의 행동에 대한 책임을 지려는 사람도 있다. 하지만 낮고 불안정한 자존감을 갖고 있는 사람들은 대부분 스스로의 가치를 의식하지 못하기 때문에 잘못된 선택을 거듭하여 불행의 길로 접어들기도 한다.

내가 스스로의 생각을 이렇듯 글로 남기기 시작한 것도 벌써 2년이 되어간다. 사람들의 평가에 대한 두려움도 분명히 있었다.

대중에게 외면당할 것에 대한 걱정도 있었다. 나는 나의 생각과, 그리고 나 자신이 어느 정도의 가치를 가지고 있는지 제대로 알지 못했고, 작가라는 역할을 감당할 수 있을지 스스로의 역량에도 자신이 없었다. 그래도 내가 해야 할 일에 대해서만큼은 분명히 알고 있었다. 내게 중요한 것은 오직 내가 확신하는 부분들을 사람들과 공유하는 일이었다. 그에 대한 생각만으로도 나는 충분히 행복했다. 다만 한 가지, 2년 전부터 줄곧 무언가 하나가 마음에 걸렸는데, 이 때문에 나는 늘 불만스러운 상태를 벗어나지 못했다.

작가로서의 나는 마치 몸에 꽉 끼는 옷을 입은 타잔이 된 느낌이었다. 밀림에서 동물들과 함께 어우러져 덩굴줄기를 타고 자유롭게 활보하는 내가 되고 싶었지만 몸에 맞지 않는 옷을 입은 채, 제대로 움직이지도 못하는 상태로 사는 듯한 느낌을 받고 있었다. 그런 탓에 나는 속으로 생각하는 것들을 감히 내세울 수가 없었다. 적어도 책과 관련한 부분에서는 그랬다. 여러분이 이 책을 두 손에 쥐고 있다면 그건 내가 이러한 두려움을 극복하고 다시금 나 자신의 평가치를 끌어올리는 데에 성공했기 때문이리라.

나는 심리상담소를 통해서도 아이들과 부모에게 도움이 되려 하고 있지만, 내가 가장 원하는 것은 보다 많은 사람들에게 '높고 안정적인' 자존감의 중요성을 전파하는 것이다. 높고 안정적인 자존감은 개인적인 차원에서만이 아니라 사회적으로도 상당한 이점으로 작용하기 때문이다.

우리는 아이들에게 커서 행복한 사람이 되어야 한다고 말해주는 동시에, 행복해질 수 있는 방법도 가르쳐주어야 한다. 행복해지는 방법을 알려주지 않는다면 아이를 위해 그 어떤 노력을 해도 소용이 없다. 어른이 된 후에도 아이는 계속해서 행복의 길을 찾아 부질없이 헤매며 고생할 것이기 때문이다.

우리는 모두 자기 앞에 무한한 가능성을 가지고 있다. 하지만 내 아이가 행복한 사람으로 자라기 위한 필수 조건은 먼저 제대로 된 어른이 되는 것이다. 즉, 아이가 스스로의 역량으로 장차 무슨 일을 할 수 있는지 깨닫고, 이어 자신의 삶을 어떻게 꾸려가야 하는지 알아야 하는 것이다. 단언컨대 아이의 삶을 위해 가장 전념해야 할 부분은 바로 아이가 어엿한 어른으로 성장하는 법을 가르치는 것이다.

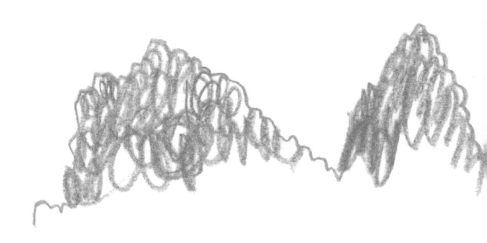

우리는 아이들에게 커서 행복한 사람이
되어야 한다고 말해주는 동시에,
행복해질 수 있는 방법도 가르쳐주어야 한다.

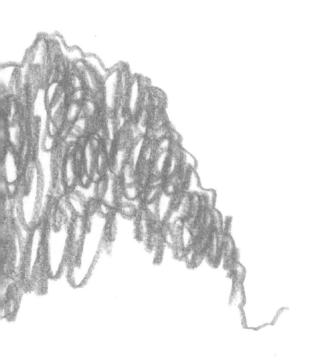

내 아이는
어떤 삶을 살아갈까

삶은 그 자체로 기적과도 같은 일이지만, 생명의 탄생이
여느 잡지의 기사처럼 그렇게 대단한 과업인 것은 아니다. 초당
태어나는 신생아의 수를 떠올려보라. 이 글을 읽고 있는 지금 이
순간에도 스무 명 가량의 아이들이 태어난다. 물론 새로 태어나는
아이 한 명 한 명은 모두 소중하고 귀한 존재다. 이 세상 어디에서
태어나든 아이는 똑같이 귀중하다.

그러나 유감스럽게도 지구상은 수많은 생명들로 넘쳐난다.
생명의 탄생은 인간만의 전유물이 아니며, 태초 이래로 지상의
모든 동물들이 자식을 낳아 기르고 있다.

다만 어떤 형태의 생물이든 실로 '기적'과도 같은 일은 자식이

장성할 때까지 최상의 환경에서 유복하게 자랄 수 있게 그 부모가 최선을 다한다는 점이다.

인간에게 있어서도 가장 힘겨운 일은 아이를 낳는 것이 아니라 아이를 기르고 가르치는 것이다. 아이에게 부모가 가진 지식과 자질, 부모의 믿음과 신념을 전해줌으로써 아이 스스로 자기 자리를 찾게끔 해야 하기 때문이다. 더욱이 이러한 자녀 양육 환경은 최근 들어 한층 더 어렵고 복잡해졌다.

장차 자기 자리를 찾아나갈 어엿한 어른으로 내 아이를 성장시키려면 아이 스스로 개척해나갈 자기만의 인생 경로가 필요하다. 본디 인간은 인류의 일원으로서 인류의 역사에 동참하게 되어 있다. 문제는 어떤 방식으로 이 과업을 수행할 것인가다.

아이가 자신의 기량을 발휘하며 제대로 성장하기 위해서는 아이 스스로 쓸모 있는 존재임을 자각하고 자아실현을 이루어야 한다. 이 단계에서 아이의 성장을 가름하는 요인이 바로 높고 안정적인 자존감이다. 낮고 불안정한 자존감은 계속해서 앞길을 가로막는 방해물로 작용한다. 마치 우리의 발목에 족쇄가 채워진 것 같은 느낌이다. 지식수준이 아무리 높다 하더라도 상황은 마찬가지다.

만일 다음의 특성 가운데 최소한 네 개 이상에 해당한다면 낮고 불안정한 자존감을 가진 사람이다.

☐ 보이지 않는 곳에 숨어 있기를 더 좋아하며, 모르는 사람의 시선을 잘 피하거나, 아니면 아예 제멋대로 구는 경향이 있다.

☐ 결정 장애가 있거나 혹은 충동적으로 결정한다.

☐ 자기비판을 하는 경우가 많고, 스스로에 대해 어중간하게 이야기하거나 비호의적으로 이야기할 때가 많다.

☐ 자기부정적인 경향이 있거나, 아니면 지나치다 싶을 만큼 자기자랑을 많이 하는 편이다.

☐ 자신이 원하는 것에 대해 제대로 인지하지 못하며, 주위에서 일어나는 예측 불가능한 상황에 크게 좌우된다.

☐ 비판적 평가에 굉장히 예민하며, 특히 가까운 사람들의 지적에 상당한 충격을 받는다.

☐ 자신을 타인과 비교하려는 경향이 있다.

☐ 질투와 시기심이 많고, 타인에 대해 부정적이다.

☐ 자신의 책임을 타인에게 전가한다.

☐ 자신이 피해자라고 느낄 때가 많다.

☐ 자신이 원하는 것이나 필요로 하는 것을 외면하는 경향이

있다.

- ☐ 자기 자리에 머물러 있으려 하며, 자기의 욕심이나 포부를 억압하려는 경향이 있다.
- ☐ 자신의 실패나 약점을 내세우는 편이다.
- ☐ 어떤 일을 그르치거나 경쟁 상황에 처하는 것을 못 견딘다.
- ☐ 거짓말을 하거나 스스로를 속이는 등 현실 도피 성향을 보인다.
- ☐ 스스로를 자격 미달이라 여기며, 자신이 성공한 이유는 단지 환경이나 상황이 좋았기 때문이라 생각한다.
- ☐ 자아 인식에 어려움을 겪으며, 자기의 역량을 제대로 인지하지 못하고 착각하는 경향이 있다.
- ☐ 자신의 힘으로 제어할 수 없는 부분이나 상황에는 위험을 무릅쓰거나 도전을 감행하지 않는다.

이런 성향의 사람들은 자신이 밀려나거나 버려지는 것에 대해 두려움을 갖고 있다. 또한 자신이 배신을 당하거나 모욕을 입지는 않을까 전전긍긍하기도 한다. 따라서 이러한 상황을 피하기 위해 안간힘을 쓰며, 소외감을 느끼지 않기 위해 스스로의 생각이나 감정을 억누르고 외면한다. 이런 성향의 사람들은 이혼이나 해고, 사업 실패, 소중한 지인의 죽음 같은 일을 겪었을 때 크게 휘둘리며 쉽게 극복하지 못한다.

이렇듯 자존감이 낮거나 불안정한 사람은 주위 환경의 변화에 크게 영향을 받고, 쉽게 두려움을 느끼는 한편 정서적 의존도가 높아진다. 그리하여 자신에게 주어진 운명에서 크게 벗어나지 못하고 그때그때의 상황이나 변수의 제약을 받는다.

그러나 자존감이 높고 안정적인 사람은 자신의 지적 능력과 무관하게 자기가 가진 최고의 역량을 발휘할 수 있다. 자존감이 높고 안정적인 사람들의 특징은 다음과 같다.

☐ 자기 이야기를 할 때, 자신에 대해 관대한 시각으로 명확하게 이야기한다.

☐ 자신의 능력과 자질에 대해 파악하고 있으며, 스스로의 한계를 분명히 알고 있다.

☐ 실패는 (자기가 가진 능력의 한계 때문이라고 생각하기보다) 정황상 어쩔 수 없는 것이었다고 생각하며, 곧이어 다른 목표를 세우고 몰입한다.

☐ 자신에 대한 비판을 경청하되, 그 비판이 적절한지 고려하며, 그렇다고 인정되면 이후 변화를 시도한다.

☐ 전방이든 후방이든 자신이 원하는 자리를 차지한다. 그

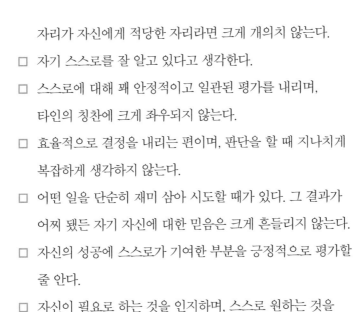

자리가 자신에게 적당한 자리라면 크게 개의치 않는다.

☐ 자기 스스로를 잘 알고 있다고 생각한다.

☐ 스스로에 대해 꽤 안정적이고 일관된 평가를 내리며, 타인의 칭찬에 크게 좌우되지 않는다.

☐ 효율적으로 결정을 내리는 편이며, 판단을 할 때 지나치게 복잡하게 생각하지 않는다.

☐ 어떤 일을 단순히 재미 삼아 시도할 때가 있다. 그 결과가 어찌 됐든 자기 자신에 대한 믿음은 크게 흔들리지 않는다.

☐ 자신의 성공에 스스로가 기여한 부분을 긍정적으로 평가할 줄 안다.

☐ 자신이 필요로 하는 것을 인지하며, 스스로 원하는 것을 충족시키고자 한다.

다른 모든 이들과 마찬가지로 자존감이 높고 안정적인 사람이라도 남에게 배척되고 버려지기를 바라지는 않는다. 배신이나 모욕을 당하기를 바라지도 않는다. 제아무리 자존감이 높고 안정적이라도 이러한 상황이 달가울 사람은 없다. 하지만 높고 안정적인 자존감을 가진 사람의 경우, 그 같은 상황으로 인해 스스로의 가치가 흔들리지는 않는다.

소외되고 버려지며 배신이나 모욕을 당하는 일은 자존감과

아이로 하여금 올바르고 안정적인
자존감을 갖게 하는 일은
부모가 아이에게 해줄 수 있는
가장 중요하고 큰 선물이다.

관계없이 견디기 힘든 일이지만, 자존감이 높고 안정적인 사람은 자신에게 상황을 원래대로 되돌릴 힘이 있다고 생각한다. 이들은 (피해자를 자처하기보다는) 응당 자신이 져야 할 책임만큼은 제대로 책임지고자 하며, 쓸데없이 스스로를 과하게 몰아세우지 않는다. 그리고 이 같은 경험으로부터 삶의 교훈을 끌어내려 노력한다.

높고 안정적인 자존감은 자기 신념대로 살아갈 수 있도록 해준다. 부모라면 누구나 다 자신의 아들딸들을 어엿한 어른으로 성장시키고 싶을 것이다. 자신의 운명을 스스로 선택하고 소신을 지키며 줏대 있게 살아가는 어른으로, 자신의 가치와 신념을 지키기 위해 열심히 싸워나가는 사람으로 키우고 싶은 것이다. 내 아이가 장차 자신에게 부족한 점을 채우려 노력하면서 사랑할 수 있는 사람이면 좋겠고, 자신이 한 약속을 지키면서 자부심을 갖고 당당하게 살아가는 사람이면 좋겠다고 생각한다. 뿐만 아니라 타인에 대한 연민을 느끼는 사람이 되길 바란다. 책임질 줄 아는 사람, 이 사회에 응당 쓸모 있는 사람으로 자라나길 바란다.

요컨대 내 아이를 이 사회의 어엿한 어른으로 키우고 싶은 것이다. 그렇다면 아이에게 어떻게 그런 사람이 될 수 있는지를 가르쳐야 한다. 칸트의 정의대로라면 인간은 인간답게 살아야 한 사람으로 거듭난다. 사람은 자신을 '어떤 사람으로 만들어야 하는지 아는 것으로부터' 어엿한 사람으로 거듭난다.

　소크라테스는 저 유명한 "네 자신을 알라."라는 말로 인간을 정의했다. 그러나 한 아이에게 혹은 사춘기 청소년에게 자아 인식을 구체적으로 명확히 하라고 요구하기는 힘들다. 다만 어린 시절부터 이 아이에게 어엿한 어른으로 자랄 것을 제안할 수는 있다. 아이 스스로 자아를 발견하고 삶의 현실에 맞서 싸워 나가면서 스스로를 어엿한 어른으로 변화시킬 수 있게끔 독려하는 것이다.

자존감이라는
귀중한 보물

　자존감을 중시하는 비중은 사회적 특성에 따라 달라진다.
개인의 삶과 죽음을 사회라는 공동체에서 책임져 주지 않는 경우,
즉 개인의 생애가 오직 부모나 가족, 소속 집단 안에서만 가치를
가질 경우, 이 개인은 소속 집단 내에서 온전한 자기 자리를 찾기
위해 부단히 노력하게 된다. 이런 사회 구조인 경우 또는 전쟁
중인 상황이라면, 삶이라는 것이 불가침한 권리가 아니라 하나의
의무에 해당한다.

　따라서 자연히 삶에 대한 강한 집착과 투지를 보일 수밖에
없다. 이러한 사회 구조 속에서 자신의 생존은 전적으로 자기
자신에게 달려 있으며, 자신이 소속 집단에 기여할 수 있는 역량에

따라 스스로의 생존율도 달라진다는 점을 일찍이 깨우치고 있기 때문이다.

교육이나 치안, 보건 환경 측면에서 어느 정도 평등이 확보된 사회 체계라면, 모두의 생명이 귀중하게 취급된다. 하지만 이러한 환경에서는 역설적이게도 개인의 가치가 상대적으로 하락한다. 사방천지가 다 금으로 뒤덮여 있을 때 금 시세가 헐값으로 떨어지는 것과 같은 이치다. 살아남기 위한 경쟁이나 싸움도 필요 없고, 자신의 가치에 대한 자각도 이뤄지지 않으니 삶의 가치 또한 떨어지고 만다.

개인의 생존이 사회적 차원에서 보장될 때, 우리는 자기 자신에게 스스로의 가치를 증명해야 한다. 스스로 삶의 이유를 찾고 삶에 대한 욕구를 가져야만 비로소 개인의 몸과 마음이 건강한 상태를 유지할 수 있는 것이다.

현대 사회에서는 우리 스스로가 자신의 삶에 의미를 부여해야 한다. 이는 우리를 동물과 구별해주는 부분이기도 하다. 따라서 스스로 개척해나갈 자신의 운명을 의식하지 못하고 자신이 쓸모 있다는 느낌을 받지 못한다면 현대 사회에서의 인간은 소비자와 노동자 정도로만 그 역할이 국한되고 만다.

싸워야 할 적이 명확히 정의되지 않은 사회에서는 서로가 대놓고 적대적이지는 않지만 이기적인 성향이 강하고 자기 존재 가치가 불확실하므로 높고 안정적인 자존감이 곧 최고의 살길이다.

자신의 운명을 스스로 주도하지 못하여 어른이 되고 난 후에도 삶의 의미를 발견하지 못하면, 결국 인위적인 물질이나 기술을 이용하여 부족한 자존감을 채우려 든다. 또 사회나 인류, 국가에 쓸모 있는 존재가 되지 못한 사람은 극심한 우울증이나 비만, 중독, 자살 등의 자기 파괴적인 행동까지 보일 수 있다. 필요 이상으로 자아가 강한 경우에는 현실 원칙(욕구 충족을 뒤로 미루고 현실에 적응하려는 자아의 작용)을 무시하고 의무도 저버린 채 가학적인 성향이나 변태적인 성욕, 허언증, 자기성애 등의 길로 일탈하기 쉽다.

모든 삶은 살아갈 가치가 있다. 그런데 살아 있는 것만으로는 인류의 일원으로서 어엿한 인간이 되는 데에 충분하지 않다. 인류에게 필요한 무언가를 해낼 수 있어야 하는 것이다. 나는 삶이 하나의 권리로만 인식되어서는 안 된다고 생각한다. 삶은 우리가 더욱 크게 부풀려 나아가야 할 유산이기 때문이다. 생물다양성을 위해서라도 동물이든 식물이든 살아 있는 모든 생물의 존재를 높이 평가하고 존중한다면 우리가 살아가는 이 세상도 조금은 달라지지 않을까.

　현대 사회에서 아이들의 생명은 가정뿐만 아니라 사회에 의해서도 대부분 보장을 받는다. 과거에는 아이들을 보호하고 아이들의 신체적 성장 및 지적 성장을 보장하기 위한 수단이 요즘만큼 많지 않았다. 그에 반해 오늘날의 사회가 평등성과 보편성의 가치로써 깨우쳐주지 못하는 한 가지는 개인의 가치에 대한 자각이다. 아이를 키우고 가르치는 부모나 교사들이 해야 할 일은 바로 이러한 자의식을 물려주는 것이다. 이는 결코 사회적 차원에서 해결될 수 없다.

　이 세상에 존재하는 자신의 가치와 비중을 제대로 인지하는 것은 자존감과 직결된다. 한없이 퍼주는 부모의 사랑과 가르침, 양질의 교육, 건강 상태 등이 아이의 행복을 보장해주지는 못한다. 이러한 부분들은 훗날 아이가 사회에 통합되고 그 안에서 자기 자리를 찾는 데에 도움을 줄 수는 있지만, 그 이상의 역할을 하지는 못한다. 아이가 행복한 어른이 될 수 있으려면, 다른 사람들의 틈바구니에서 자기 자리를 찾아서는 안 된다. 중요한 것은 바로 자기 자리를 찾는 일이다. 자신에게만 주어지는 자리, 자신의 의지로 당당히 꿰찰 수 있는 자리를 찾는 것이다.

　주위를 둘러보면 신체 건강하고, 가정교육이든 학교 교육이든 양질의 가르침을 받은 데다 충분한 사랑까지 받고 있음에도 행복하지 않은 사람들이 많다. 이들은 이런저런 약들을 집어삼키며 무언가의 부족함을 채우려 들기도 하고, 삶의 모진 세파를 겪은 뒤 몇 달간, 혹은 몇 년간 우울증에 빠져 허덕이기도 한다. 이들은 도대체 무엇이 부족하여 자기만의 꽃을 피우지 못하고 헤매는 것일까?

나 역시 이런 사람들 가운데 하나다. 늘 더 좋은 것, 더 나은 것, 더 많은 지식과 사랑을 갈구하기에 결코 행복감과 만족감을 느끼지 못하는 사람인 것이다. 전쟁이 끝나고 풍요로운 시기에 태어난 대다수의 어른들과 마찬가지로 나 역시 어린 시절에 무언가가 늘 부족했다. 사람들은 내게 자존감이 무엇인지 가르쳐주지 않았으며, 나아가 자기 가치를 높이려던 내 시도들도 모두 묵살됐다.

아이가 태어난 후, 아이로 하여금 올바르고 안정적인 자존감을 갖게 하는 일은 부모가 아이에게 해줄 수 있는 가장 중요하고 큰 선물이다.

모든 힘은
나에게서 비롯된다

　자존감이 낮거나 불안정하면 스스로를 존중할 줄 모르고 다른 사람에 대한 평가도 제대로 내리지 못한다. 또한 타인의 의사에 쉽게 휘둘리는 경향을 보이기도 한다. 자신의 진가에 대해 알지 못하며, 남에게 평가받는 것에 대한 두려움이나 자신의 숨겨진 모습이 드러나는 것에 대한 두려움이 매 순간의 결정에 영향을 미친다.

　하지만 이 정도는 그리 심각한 수준이 아니다. 물론 자존감이 낮으면 다툼을 피하려는 경향을 보일 수도 있다. 남에게 피해를 입더라도 크게 개의치 않으며, 전반적으로 자신의 존재감을 드러내지 않으려 든다. 하지만 이러한 사람들의 저변에는 스스로 그 무엇도 성공적으로 해낼 수 없다는 생각이 깔려 있다. 성인이 된 후에도 상황이 이렇다면 상당한 문제가 될 수 있다. 심할 경우 이러한 자격지심은 가면증후군Impostor Syndrome으로 이어질 수도 있다. 가면증후군은 자신의 성공을 노력이 아니라 순전히 운으로 얻어진 것이라 여기고, 언젠가 자신의 무능함이 밝혀지지 않을까 걱정하는 심리다. 자신이 너무도 초라하고 보잘것없는 사람이기에 자기보다 잘난 사람하고는 함께 살아갈 자격이 없다고 생각하는 것이다. 따라서 자기와 어울리는 자리라도 스스로 자격미달이라 생각하여 그 자리에 가지 않거나, 다른 사람들의 시선이 두려워 앞에 나서지 못한다. 심지어 옷 하나도 자기 마음대로 입지 못한다. 결국 우리의 인생을 바꾸게 될 그 어떤 선택도 과감히 시도하지 못하는 것이다.

스스로를 사랑하지 못하면 다른 사람을 사랑하지 못하거나 잘못된 사랑을 하게 된다. 스스로를 믿지 못하면 일을 제대로 할 수 없고, 늘 의심과 걱정만을 반복하고, 무언가를 성취해내지도 못한다. 또한 자격지심에 둘러싸여 있다 보면 실패할지 모른다는 우려 때문에 앞에 나서서 행동하길 꺼려하고, 불편하거나 거북한 상황은 피하려 들뿐더러 혼자서 쓸데없는 공상을 하는 데에 너무 많은 시간을 허비하게 된다.

자존감은 자아 인식의 방법 및 정체성과 연관되며, 스스로에 대해 그리고 있는 모습과 직접적으로 관련된다. 자신의 가치와 이 세상에서 자신이 차지하는 비중에 대해 어떤 평가를 내리고 있느냐에 따라 자존감이 달라지는 것이다.

안정적이고 올바른 자존감이 중요한 이유는 바로 이러한 자존감이 뒷받침될 때에야 비로소 스스로의 삶에 대한 주체 의식을 가지고 힘든 일을 겪어도 다시 재도약할 수 있기 때문이다.

자신의 생각과 가치관에 따라 움직이며 살아갈 수 있다면 행복은 자연히 따라오게 마련이다. 살면서 무엇을 하든 행복을 느낄 수밖에 없고, 자신을 둘러싼 것들을 지각하고 인식하면서 행복을 느끼는 것이다. 따라서 지속적인 행복을 느끼고자 한다면 자신이 믿고 생각하는 대로 살 수 있어야 한다. 그래야 삶에 대한 지속적인 만족도 가능하다.

성인이 되어 행복을 누릴 수 있는 사람들은 자신의 삶에 주어지는 기회에 만족한다. 이들은 자기 앞에 놓인 기회를 포착하여 최대한 자신이 원하는 목표에 가까이 다가간다. 우리를 행복하게 만드는 것은 돈도 아니고, 사랑도 아니며, 어떤 능력을 갖추는 것도 아니다. 따지고 보면 사람은 이 세 가지 모두를 갖춰야 비로소 행복할 수 있다. 그래야 사랑에 의존하지 않으면서 사랑할 수 있고, 돈의 노예가 되지 않으면서 돈을 소유할 수 있고, 스스로의 능력을 과시하지 않으면서 자신의 지식과 진가를 드러낼 수 있는 것이다.

이 책을 쓰기 전, 나는 스티븐 킹의 글쓰기에 관한 책 《유혹하는 글쓰기On Writing: A Memoir of the Craft》를 읽었다. 그의 조언들 중 기억에 남는 한 가지는 보다 많은 사람들의 마음에 들기 위해 글을 쓰는 것이 아니라 가급적 진솔하고 간단하게 세상을 표현하여 사람들과 공유하라는 것이었다. 최대한 나에게 가까이 다가가 스스로 즐거움을 느끼는 것이다.

기쁨과 행복은 이렇게 얼마나 자신의 생각과 주관대로 살아가느냐에 달려 있다. 자기만의 개성과 남다른 세계관을 가진 스티븐 킹은 작가들에게 상상 속의 독자건 실제의 독자건 단 한 사람의 이상적인 독자를 위한 글을 쓰라고 말한다. 우리가 메시지를 전하고자 하는 그 한 사람을 대상으로 글을 쓰는 것이다.

이 책에서 나는 엄마와 아빠를 따로 구분하지는 않았다. 아이의 자존감을 구축해주는 일은 부모 각자의 몫이지 어느 한쪽의 책임이 더 큰 것은 아니기 때문이다. 요즘은 혼자서 아이를 키우려는 부모들도 많고, 아이가 한부모 가정에서 태어날 확률도 50% 정도에 해당한다. 뿐만 아니라 재혼 가정에서 자라는 아이들도 있다. 그러니 엄마는 어떻고 아빠는 어떠해야 한다는 논리로는 문제를 해결할 수 없다. 새엄마, 새아빠는, 그리고 새로운 가족이 된 배우자의 자식들은 또 어떻게 할 것인가?

보호자로서의 책임은 둘로 나눌 수 없다. 각자가 자기 몫을 해야 한다. 각자 자신이 해야 할 일과 하지 않아도 될 일을 나누면 그만이며, 내가 낳았든 낳지 않았든 나의 품 안에 있는 자식이라면 아이를 향한 책임은 전적으로 나에게 있다.

물론 실수도 하고 얼마든지 다른 사람을 탓할 수도 있다. 하지만 그런다고 아이에게 있어 달라지는 것은 하나도 없다. 중요한 것은 부모가 아니라 장기적으로 아이에게 이로운 부분이 무엇인가 하는 것이다. 이 책에서는 아이를 기르는 책임자로만 국한하여 부모의 존재를 생각하고 있기 때문이다.

이 책은 장차 어엿한 성인으로 성장할 수 있는 잠재력이 있는 누군가를 위한 것이다. 그 사람은 자신의 모든 역량을 긍정적으로 이끌어내고자 하는 사람이다. 곧고 올바르게, 그러나 경솔하지 않게 처신할 줄 아는 사람이며, 인간이라는 존재의 참된 의미를 알며, 아들딸을 구분하지 않고, 신분이나 나이, 사회적 지위를 차별하지 않는 사람이다. 자신이 할 일을 학교나 사회로 떠넘기지 않으며, 자기 아이에 대해 책임을 지는 사람이자 삶을 살아갈 만한 가치가 있다고 생각하는 사람이다. 또한 감정의 고귀한 가치를 인지하며 올바른 가치관으로 세상에 이바지하는 사람이다. 기존 체계가 무언가 해주기만을 막연히 바라고 있기보다는 스스로 해야 할 일을 생각하는 사람, 자기가 누린 것보다 더 많은 것을 주고자 하는 사람, 스스로 무언가를 만들어내고자 하는 사람, 바로 그런 사람을 위해 나는 이 책을 쓰고 있다.

자신의 힘을 과소평가해서는 안 된다. 올바르게 살아가는 사람이란 실수 한 번 하지 않고 무모한 모험 한 번 하지 않은 사람이 아니다. 자신의 선택에 대해 같은 실수를 반복하지 않는 사람이 곧 올바르게 성장하여 제대로 살아가는 사람이다.

자신의 날뛰는 자아를 잠재우며 스스로의 일을 할 수 있는 사람이라면 이미 인생을 살아낼 힘을 충분히 가진 사람이다.

자아와
자존감의 차이

자아l'ego와 자존감l'estime de soi의 차이에 대한 글은 아마 많이들 읽었으리라 생각한다. 하지만 이 둘의 차이가 여전히 모호하게만 느껴질 텐데, 이 책에서는 이 부분에 대해 좀 더 간단하게 설명해보고자 한다. 보다 상세한 설명이 필요하다면 이에 대해 다룬 전문서들을 참고하기 바란다. 여기에서는 그저 둘의 차이를 쉽게 구분하여 생활에 적용할 수 있게 하는 데에 목적을 두고 있기 때문이다.

자존감은 각 사람에 따라 사용하는 어휘가 다르지만 대체로 자의식이나 정체성, 마음의 소리 등을 의미한다. 자아는 우리가 세상을 인식하는 필터에 해당한다. 내 개인적으로는 자존감을

'마음의 소리'라고 표현하는 것을 좋아한다. 이는 우리 안에 갖고 있는, 보다 순수하고 진실하며 꾸밈없는 부분을 의미하기 때문이다.

마음의 소리는 자의식과 같은 것이라고 봐도 무방하다. 자기 자신과의 대화는 스스로에 대한 평가를 기반으로 이뤄지는데, 이에 올바른 자존감이 뒷받침되지 않는다면 우리의 마음이 우리에게 부르짖는 외침들을 들을 수가 없다.

우리 안에는 크게 세 가지의 서로 대립되는 힘이 존재한다. 첫 번째는 우리의 자존감(혹은 의식)이 우리를 움직이는 힘이고, 두 번째는 자아가 우리를 움직이는 힘, 세 번째는 신체가 우리를 움직이는 힘이다. 그 가운데 자존감의 경우는 우리를 (우리에게 있어서나 타인에게 있어서나) 올바른 길로 인도한다. 그에 반해 자아는 (우리가 자신과 세상에 대해 갖고 있는 이미지를 어떻게 해서든 정당화하고 입증하려 하는 등) 논리를 세우려는 속성이 있고, 우리의 몸은 자존감과 자아로부터 벗어나려는 성향을 보인다.

쉽게 말해 우리의 몸은 쉽고 편한 것만 추구하게 마련이고, 자아는 좋아 보이는 것만 하려고 드는 반면, 자존감은 옳다고 믿는 바를 행하고자 한다.

우리는 늘 자기 자신과 대화를 한다. 어쩔 수 없이 늘 그렇게 된다. 우리의 머릿속에는 작은 목소리 하나가 존재하는데, 이 목소리는 이런저런 것들에 대해 따지고 토를 달며 우리에게 칭찬과 비난을 늘어놓는다. 이에 우리 안에서는 늘 끊임없는 대화와 판단이 이뤄진다.

그런데 자존감이 낮거나 불안정하면 어떠한 일이 생길까? 즉, 자기 마음 안에서 들려오는 목소리를 제대로 듣지 못하면 어떻게 되는 걸까? 그러면 어떤 목소리가 우리 머릿속에서 주도권을 쥐고 우리를 조종하게 될지 짐작이 가는가?

자존감이 취약하고 불안정하면 그만큼 자아와 신체가 내는 목소리가 더 커지기 마련이다. 자아와 신체는 불편한 정서를 최대한 물리치거나 그에 대한 대비를 하려 든다. 하지만 우리의 자존감은 사고나 행위의 '정당성'만을 고려할 뿐, 우리의 감정이나 기분에 좌우되지 않는다.

그러므로 올바른 자존감이 뒷받침되면 그 작용에 따라 욕구가 억제되며, 건강한 식생활과 운동을 함으로써 우리 몸에 해로운 행동도 삼가게 된다.

반면 우리 몸이 하자는 대로 따라갈 경우, 잠깐은 좋을 수 있어도 장기적으로는 몸에 해로운 행동들을 일삼게 되고, 심지어 자아의 판단까지 억누르며 분별없는 행동을 하게 된다. 가령 자의식이나 자아의 판단에 따라 우리는 싸구려 불량식품이나 술, 담배를 멀리 해야 한다는 사실을 분명히 인지하고 있지만, 그럼에도 우리가 이런 행동들을 끊지 못하는 이유는 자의식이나 자아의 명령보다 신체적 욕구가 더 우선하기 때문이다. 가장 안타까운 상황은 강한 자아와 낮은 자존감의 결합으로 현실을 보는 눈이 왜곡되는 것이다. 자신을 바라보는 시각이 왜곡되어 있는 거식증 환자 같은 경우가 이에 해당한다.

신체적인 욕구보다 자아가 우선하는 경우에는 자아의 판단에 따라 우리의 대외적인 이미지를 관리하려 들게 된다. 자신의 목적에 부합하는 방향으로 세상을 왜곡하여 사람들이 자신에 대해 갖고 있을 생각이나 이미지를 지키는 것이다. 만일 자신이 보잘것없고 형편없는 사람이라 생각한다면, 우리의 자아는 이 같은 자아 인식에 부합하게끔 세상에 대한 시각을 왜곡한다. 자아가 강하건 약하건, 자아라는 필터를 통해 세상을 바라보고 스스로의 존재에 잘못된 인식을 갖고 있는 한 자신이 진심으로 바라는 바를 모르게 된다.

자신의 자의식과 멀어져 자아에 휘둘리며 사는 것보다 더 피곤하고 괴리감이 느껴지는 삶은 없다. '약한 자아'는 세상을 온통 하면 안 될 것들만 가득한 곳으로 만들어버린다. 따라서 약한 자아를 가진 사람은 어른이 되어서도 자신의 꿈을 펼치지 못하거나 사회에 공헌하는 삶을 살지 못한다. 그에 반해 '강한 자아'는 이 세상에 못 할 일이 하나도 없는 듯한 착각을 만들어낸다. 이에 강한 자아를 가진 사람은 무제한적으로 쾌락을 좇거나 현실적인 원칙들로부터 멀어진다.

그러나 자아가 안정적이면 자아를 통해 인식하는 세상이 자의식이나 정체성을 통해 바라보는 세상과 크게 다르지 않다. (정체성과 관련한 부분은 뒤에 가서 다시 살펴보기로 한다.)

자아가 너무 강할 때에는 단 한 가지 색깔로만 필터링이 이뤄지는데, 이에 따라 모든 것을 자기중심적으로 바라보게 된다. 자기중심적으로 세상을 인식하면 오로지 자신의 권리만 앞세우게 되고, 자신이 해야 할 부분에 대해서는 크게 생각하지 않는다. 하지만 안정적인 자존감을 가지고 판단하면 사회 안에서의 자기 역할을 인식할 수 있다. 그러므로 제멋대로 구는 아이를 방치하는 부모들은 장차 아이가 어른이 된 후 행복을 누릴 수 있는 기회를 박탈하는 셈이다. 우리가 행복을 누리기 위해서는 사회 안에서 자신의 역할을 인식하고 자신이 쓸모 있는 사람이라는 확신이 필요하기 때문이다.

부모들이 다 받아주며 치켜세운 아이들처럼 겉으로 보이는 것들을 기반으로 자아 이미지를 구축한 아이는, 어른이 되어서도 자신이 옳다고 생각하는 것 한 가지를 지키기 위해서라면 무엇이든 하려고 한다. 이렇게 불안정한 자존감이 형성되면 경제적인 문제나 집안 문제, 문화적 이질감 등 현실적인 문제들 앞에서 자기 존재의 위기를 심각하게 겪을 수 있다.

결국 자아와 자존감의 관계는 부분적으로 서로 대치되는 면이 없지 않다. 자아가 강한 사람은 같은 차를 타도 큰 차를 타는 게 중요하고, 자아가 약한 사람은 차를 앞에 내세우는 것에 불편함을 느낀다. 반면 안정적인 자존감을 가진 사람의 마음속 목소리는 중요한 것은 차의 크기가 아니라고 말할 것이다.

아이에게 높고 안정적인 자존감을 심어주면 아이는 자신의 마음의 소리에 좀 더 귀를 기울이게 된다. 이렇게 되면 아이는 즉각적인 보상이나 쾌감에 따라 움직이기보다는 스스로에게 가장 좋은 상황을 만들기 위해 행동한다. 이는 아이가 자아의 필터링이나 주변 상황과 관계없이 자신에게 무엇이 좋은지 알고 있다는 뜻이다. 요컨대 자존감이란 우리를 최선의 길로 이끌어주는 우리 안의 호의적인 목소리를 뜻한다. 여기에서 '최선'은 우리의 자의식과 관련된 것이지 누군가가 우리에게 강요하는 것은 아니다.

자존감이 높으면 그만큼 자기 안의 소리가 더욱 잘 들린다. 이에 더해 자존감이 안정적이기까지 하다면 우리는 자아가 아닌 자의식의 필터링에 따라 정보를 받아들일 수 있다.

부모 스스로 자신에게 "이 정도면 괜찮아.", "너 정도면 좋은 사람이야."라고 말할 수 있게 되면 그다음 수순은 아이에게 마음의 소리가 잘 들리게 해주는 일이다.

물론 아이의 마음을 단련시키는 작업이 쉬운 일은 아니지만, 그렇다고 불가능한 일도 아니다. 이에 자존감이라는 요소가 우리의 삶에 얼마나 중요한지 설명한 후, 자존감을 이루는 세 가지 축에 대해 설명해보려 한다.

외부 세계에 맞서는
내면의 피난처

내면에서 들려오는 작은 목소리는 따뜻할 수도 있고, 혹은 그렇지 않을 수도 있다. 우리는 이 목소리에서 위안을 얻을 수도 있지만, 자존감의 수준에 따라서는 이 목소리가 우리를 짓누르고 괴롭히는 요인이 될 수도 있다.

'내면의 피난처'는 살아가는 데 필요한 자원을 길어 올리는 곳이다. 이 내면의 피난처는 우리가 가진 자존감의 수준과 긴밀한 보조를 맞춘다. 자존감이 높고 안정적이라면, 내면의 피난처는 삶에 큰 위안이 되어주며, 지친 우리를 따뜻하게 맞아주고, 정신적인 힘을 충전해주는 곳이 된다. 자존감이 높지만 불안정하다면, 내면의 피난처는 편하고 안락한 곳은

될 수 있을지언정 변수에 따라 크게 흔들리기 쉽고, 그다지 안전한 피난처가 되지 못한다. 자존감이 낮고 안정적이라면, 내면의 피난처는 안락함과는 거리가 멀고, 나아가 우리를 더욱 의기소침하게 만든다. 자존감이 낮고 불안정하다면, 우리는 늘 불안과 적대감에 시달릴 수밖에 없다.

삶의 우여곡절을 견뎌내는 힘과 이에 대한 안정적인 대처 방식은 자존감에 따라 달라진다. 우리가 무언가 새로운 도전을 하고 계획을 실천에 옮기는 일도 모두 자존감의 수준에 달려 있다. 내면의 피난처가 안전하고 편안하게 구축되어 있을수록 더 강한 투지를 불태우며 자기 안의 자원을 더 많이 끌어 올릴 수 있기 때문이다. 마음에서 들려오는 이 작은 목소리는 우리에게 올바른 것이 무엇인지 알려준다. 외부의 적대적 환경에 맞서는 '내면의 피난처'에는 여러 가지 종류가 있는데, 동화《아기 돼지 삼형제》에서 그 유형을 찾을 수 있다.

◇ **자존감이 높고 안정적인 경우**
마음의 소리가 상당히 잘 들리며, 자아가 평온하고 안정적이다. 스트레스를 받는 상황에서도 외부 환경을 대하는 시각은 자아를 통해 보는 것이나 자의식을 통해 보는 것이나 별 차이가 없다. 나이와 관계없이 가급적 빨리 도달할수록 좋은 이상적인 상태다.

《아기 돼지 삼형제》에 나오는 집들 가운데 벽돌집이 이에
해당한다. 기초 공사를 튼튼히 하여 기반이 탄탄한 건물을
세움으로써 안락하고 편안한 공간을 마련한 경우다. 돌풍이나
태풍에도 끄떡없다. 이런 형태의 집에서는 정서적인 안정이
확보되고, 편안한 마음으로 미래를 구상할 수 있다. 내면에 이런
피난처를 마련한 사람의 경우, 고통으로부터 도망치지 않고 이를
삶의 한 부분으로 받아들인다. 내적으로 안정을 느끼는 사람은
무언가의 도전에도 두려움이 없다. 실패할 경우라도 자기만의
편안한 안식처로 피신할 수 있기 때문이다. 게다가 자신이 해야
할 일에 대해서도 너무 많이 하려 들지 않고, 또 너무 적게 하려
들지도 않는다. 자신의 내면의 피난처가 가진 가치를 잘 알고
있지만, 그 한계에 대해서도 알고 있으며, 자아 인식이 분명하고,
스스로 옳다고 생각하는 바를 행한다. 이렇게 높고 안정적인
자존감을 지닌 사람은 상대적으로 매우 드문 편이다.

높고 안정적인 자존감은 곧 자신에 대한 만족스러운 평가로
이어진다. 자아가 너무 강하지도, 그렇다고 약하지도 않으므로
원만한 대인관계를 구축하고 개인적인 행복을 추구하는 데에
도움이 된다. 내면에 이와 같이 안정적인 피난처가 마련되지 않은
경우라면 어른이 되어 자기 계발이나 명상 훈련, 심리 치료 등을
통해 구축해야 한다.

◇ 자존감이 높지만 불안정한 경우

자기 내면의 목소리는 잘 들리지만, 스트레스가 심한 경우에는
이 목소리가 자아의 필터링으로 대체되어 모든 게 왜곡되어
들린다. 따라서 마음의 소리, 즉 자존감에 따라 움직이기보다는
겉으로 보이는 것들만 챙기려는 성향을 보인다.

이 경우는 둘째 돼지가 지은 나무집에 해당한다. 집 자체는
쓸 만하지만 기초 공사가 제대로 되지 않아 겉으로는 튼튼해
보여도 심리적 동요나 외부의 공격이 있을 경우 심각한 타격을
입을 수 있다. 이에 집주인이 상심하고 당황한 상태에서는 자아가
전면에 나서며 (현실적인 상황과는 무관하게) 난공불락의 요새에서
사는 듯한 착각을 불러일으킨다. 매번 심한 타격을 입을 때마다
집주인은 무너진 건물의 전체 혹은 일부를 다시 재건해야 한다.
또한 번번이 자신에게 동기 부여를 해야 한다.

어른이 된 나의 상태가 여기에 해당한다. 개인적으로 나는
자존감이 높긴 하되 상황에 따라 크게 흔들리는 편이다. 나의
내면의 피난처는 기반이 탄탄하지 못해 지속적인 안식처가
되어주질 못하며, 나는 명상 훈련 등을 통해 이 부실한 피난처를
끊임없이 유지, 보수해야만 스스로의 자존감으로부터 기력을 얻고
살아갈 힘을 얻을 수 있다.

이렇듯 높지만 불안정한 자존감을 가진 사람은 타인에게

부정적으로 느껴지는 행동을 하거나 태도를 보일 수 있다. 주위 사람들은 그가 다소 거만하거나 지나치게 자부심이 높다고 생각할 수도 있다. 뿐만 아니라 이런 성향의 사람들은 자신이 언제 어디서든 안전하다고 착각하여 위험 행동을 서슴지 않는다. 자아가 강한 경우라면 무조건 타인에게 책임을 전가하여 자신의 책임을 회피하고, 자아가 약한 경우라면 부실한 초가집에서나마 잠시 위안을 얻으려고 하는데, 이러한 형태의 집은 불편함과 불안감만 가중시킬 뿐이다.

◇ 자존감이 낮고 안정적인 경우

바른말을 하는 내면의 목소리가 거의 들리지 않으며, 오직 자아의 시각을 통해서만 세상을 인식한다. 자아의 필터링을 통해 세상을 바라보면 부정적이고 파괴적인 눈으로 외부 환경을 인식할 우려가 높다.

세 번째 경우는 첫째 돼지가 지은 짚으로 된 집과 같다. 날씨의 영향을 크게 받는 이러한 형태의 집은 외부의 변수에 쉽게 좌우되며, 안전하고 편안한 느낌을 주지 못한다. 이렇게 취약한 집에서는 비관적인 생각이나 정서의 영향을 받지 않으면서 차분히 계획을 세우기가 힘들다. 마음속에 이런 피난처를 가진 사람은 스스로 무언가를 해낼 역량이 되지 않는다고 생각하며, 자신이 성공한 것도 단순히 운이 좋거나 주변 상황 덕분에 그렇게 된 것이라 생각한다. 무언가를 해보려는 의욕이나 의지는 있지만 쉽게 행동으로 옮기지는 못한다. 외부의 공격에도 취약하며, 한 번의 실패에 따른 데미지가 상당히 큰 편이다. 이런 사람들은 새로운 시도를 하려고 할 때 상당히 많은 에너지를 소비한다.

지나치게 낮은 자존감은 타인과의 관계에 있어서도 독소로 작용한다. 또한 개인의 순탄한 성장을 저해하거나 심리적인 문제를 야기하는 요인이 되기도 한다. 자존감이 낮은 사람들은 스스로에 대해 결코 좋게 평가하지 않으며, 괜한 자격지심에 시달린다.

◇ **자존감이 낮고 불안정한 경우**

자신이 인정이나 존중을 받을 만한 가치가 없다고 생각한다. 내면의 목소리 또한 이를 더욱 가중하는 역할만을 할 뿐이다. 주위에서 일어나는 일들에도 크게 휘둘리며, 상황은 점점 악순환이 되어간다.

이는 가장 최악의 시나리오로, 유난히 힘든 어린 시절을 겪었거나 심각한 정신적 외상을 입은 경우에 나타난다. 낮고 불안정한 자존감을 가진 사람들은 어엿한 성인이 되기 위한 스스로의 자원과 역량을 이끌어내지 못하며, 심하게 외로움을 타고, 스스로 삶과 단절되어 있다고 느낀다. 아무런 의지나 의욕도 갖고 있지 못하며, 언제 어떤 상황에서든 다른 사람들에 의해 휘둘리기 쉽다. 가장 심각한 문제는 본인 스스로가 이러한 상황을 대수롭지 않게 여기거나 당연시한다는 점이다. 한마디로 자기 자신을 전혀 존중하지 않는 것이다. 이런 사람의 경우 악순환의 고리를 끊고 선순환으로 전향하기 위해서는 상당한 인내와 도움의 손길이 필요하다.

대여섯 살 무렵까지 나는 이 마지막 최악의 시나리오에 해당하는 경우처럼 내면의 피난처가 전혀 없는 상태였다. 여섯 살 때부터는 양아버지의 집에서 살게 되었는데, 당시의 기억 하나가 뚜렷한 기억으로 남아 있다. 양아버지가 내게 생일 선물로 암탉 한 마리를 선물해준 일이었는데, 이 상징적인 선물을 계기로 나는 내 안에 짚으로 된 작은 쉼터를 만들 수 있게 되었다. 카엔 지방의 토종닭인 이 닭 한 마리를 통해 내 생애 처음으로 누군가가 나를 조건 없이 사랑한다는 느낌을 받았기 때문이다. 내가 '피우 아줌마'라고 부르던 이 닭은 매일 아침 내 방 창가에 와서 부리로 창문을 두드리며 내 잠을 깨웠다. 파리 교외 지역에서 개나 고양이를 키우는 사람은 많았지만, 암탉을 '베프'로 둔 사람은 우리 학교에서 내가 유일했다. 나는 그게 내심 자랑스러웠고, 나를 보던

반 아이들의 시선과 알록달록한 깃털을 가진 내 친구가 나를 보는 시선을 통해 스스로가 대단한 사람이 된 듯한 느낌을 받았다.

이렇듯 어린아이가 자기 머릿속으로 내리는 결론이란 상당히 주관적이고 논리도 없다. 암탉을 선물받기 전에도 나는 분명 주위 사람들로부터 애정이 담긴 무언가를 받았을 것이다. 하지만 내 기억에 남는 선물은 이 암탉이 유일했으며, 이는 내 자존감 구축에도 상당한 영향을 미쳤다. 이를 계기로 내 마음속 깊은 곳에 닿을 수 있었기 때문이다.

자신에 대한 인식 방법에 따라 내면의 평온이 좌우된다면, 주위 환경의 변화나 호의적인 말 한 마디, 신념이 담긴 행동, 예기치 못하게 받은 선물 모두가 우리 스스로 내리는 모든 결론이나 추론을 변화시킬 수 있다. 이 부분에 대해서는 2부에 가서 좀 더 자세히 다룰 예정이다. 자존감은 한번 정해졌다고 해서 그대로 고착되지는 않는다. 다만 어린 시절부터 높은 자존감을 가진 아이일수록 자존감이 안정적으로 자리 잡을 가능성이 크다.

일찍이 높고 안정적인 자존감이 확립되어 있다면 내면에 평생 편안하고 따뜻한 피난처를 가진 것이 된다. 이 경우는 모진 세파에 휘둘리거나 정서적인 충격을 받았을 때에도 내면에서 무한한 힘을 끌어 올려 상황을 극복할 수 있다.

주사위가 던져졌다고 모든 게임이 끝난 것은 아니다. 아이든

주사위가 던져졌다고
모든 게임이 끝난 것은 아니다.
아이든 어른이든 자존감을
끌어 올리기 위한 노력은
언제든지 이뤄질 수 있다.

어른이든 자존감을 끌어 올리기 위한 노력은 언제든지 이뤄질 수 있으며, 내 자신이 그 산증인이다. 그러니 이런 믿음을 바탕으로 독자들도 일찍이 내면의 피난처에서 삶의 자원을 끌어 올릴 수 있다면 현재와 미래에 아이의 삶도 훨씬 수월해지리라는 것을 이해하길 바란다. 보다 탄탄한 피난처가 마련되어 높고 안정적인 자존감을 갖게 해준다면 아이는 자기 자신의 목소리에 조금 더 귀를 기울일 수 있다.

요컨대 자존감은 매일매일의 일상 속에서 관계의 상호작용을 통해 자라나며, 사랑받고 있다는 느낌이 클수록, 내가 쓸모 있는 사람이며 무언가를 해낼 역량이 되는 사람이라는 확신이 강할수록 더 높아진다.

자존감을 이루는
세 가지 축

　나이를 불문하고 자존감은 얼마든지 개선될 수 있다. 그렇지 않다면 완전히 끝난 게임이었을 것이다. 아울러 우리의 인생도 더 이상 변화의 여지가 없었을지도 모른다. 하지만 우리는 경험이나 대인관계를 통해, 경우에 따라서는 동물과의 관계를 통해 얼마든지 인식의 변화를 꾀할 수 있고, 우리와 관련한 추론 방식도 바꿀 수 있다.

　이 책에서 추구하는 것은 일찍이 아이들 스스로 자신의 가치에 대한 확신을 갖게끔 이끌어가는 데에 있다. 그런데 자존감은 유년기에 자리 잡힌 세 가지 요소, 즉 자기애l'amour de soi와 자아관la vision de soi, 자신감la confiance en soi이 어떻게 균형을 이루느냐에 따라 달라진다.

인식이라는 것은 주관적일 수밖에 없다. 우리가 무슨 이야기를 했을 때, 아이들은 간혹 우리의 의도와 다르게 받아들인다. 우리가 한 말로부터 성급한 결론을 내리거나, 아니면 우리의 의도와 전혀 상관없는 결론을 내리기도 한다. 우리가 아무리 잘한다 한들 아이의 머릿속에서 이뤄지는 추론 작용까지 우리 뜻대로 할 수는 없다.

하지만 2부에서 본격적으로 다루는 이중 화법을 이해하고 이를 효과적으로 활용할 수만 있다면 아이가 대상을 인식하는 방식을 우리가 원하는 방향으로 유도할 수 있고, 이에 따라 아이가 우리의 말을 듣고 도출하게 되는 결론 역시 우리의 생각대로 이끌 수 있다. 뿐만 아니라 아이가 높고 안정적인 자존감을 구축하는 방향으로 아이의 신념에 영향을 줄 수도 있다.

지금까지 나는 높은 자존감뿐만 아니라 안정적인 자존감에 대해서도 거듭 강조했는데, 자존감의 '안정성'을 강조한 이유를 지금부터 짚어보려 한다.

우선 다리가 세 개 달린 스툴에 앉아본 경험을 떠올려보자. 다리 하나가 삐딱거린다거나 바닥이 고르지 않으면 이 의자는 균형을 맞추지 못한 채 흔들거리게 되어 있다. 잔디밭처럼 울퉁불퉁하여 다리 한쪽이 다른 두 다리보다 들려 있는 경우도 균형을 잡기가 쉽지 않고, 따라서 이런 의자 위에서 편하게 중심을 잡고 앉아 있기란 쉬운 일이 아니다. 이런 경우, 우리의 머릿속에는 단 한 가지 생각밖에 떠오르지 않는다. 어떻게 해서든 의자에서 넘어지지 않고 버티는 것이다.

이번에는 저녁 식사 자리에 초대된 상황을 가정해보자. 내게 주어진 의자는 이렇듯 불안정한 보조의자다. 의자의 다리 길이가 고르지 않아 불안정하므로 우리는 온 힘을 다해 균형을 유지해야 한다. 필라테스를 할 때처럼 복부의 힘으로 버텨볼 수도 있고, 머리카락 한 올 움직이지 않은 채 균형을 유지하려 들 수도 있다. 속으로는 오로지 '넘어지면 안 된다'는 생각만 집요하게 하면서도 겉으로는 아무런 내색을 하지 않을 것이다.

우리가 세상을 인식하는 데 필터 작용을 하는 자아는 다른 사람들 앞에서 체면을 구기지 않도록 온갖 수단을 동원하려 들 것이다. 이건 자아로서의 정당한 대응 방식이다. 대부분의 경우, 우리가 불쾌한 일을 모면할 수 있는 것도 자아 덕분이다. 자아는 불편한 상황에서도 우리가 다른 사람들과 함께 자리를 지킬 수 있도록 해준다. 자아가 약한 데다 자존감이 낮으면 사람들이 모여 있는 곳으로부터 멀찌감치 떨어져 서서 식사를 할 것이고,

자존감이 낮고 불안정한 사람이라면 구석의 땅바닥에 쪼그려 앉아 식사를 하면서 식탁 위의 산해진미는 쳐다보지도 못할 수 있다.

똑같은 보조의자에서라도 안정적으로 균형을 잡고 앉아 있는 사람이라면 마음껏 파티를 즐기며 웃고 떠들 수 있다. 이들은 의자 걱정은 하지 않은 채, 그저 맛있는 음식을 맛보며 다른 사람들과의 대화에 동참한다.

높지만 불안정한 자존감을 가진 사람이라면 파티에 함께하며 즐기는 것보다 의자에 앉아 넘어지지 않고 버티는 게 더 기쁠 것이다. 파티를 즐기기보다는 균형을 잡는 데에 온 힘을 쏟고, 균형을 잃고 바닥에 나뒹굴지 않도록, 아니면 자신의 불편한 상황이 겉으로 드러나지 않게 안간힘을 쓰는 것이다. 이렇듯 흔들거리는 의자 위에 앉은 당신은 과연 아무 생각 없이 맛난 음식들을 맛보면서 모임에 흡족해할 수 있겠는가?

이제는 이 모임 자리를 우리가 다른 사람들과 함께 살아가는 삶이라고 생각해보자. 우리가 앉아 있는 보조의자 자리는 곧 우리의 자존감이며, 이는 우리가 살아가는 방식이자 삶 속에서 주변 사람과의 관계에 대처해나가는 방식이다. 자존감이 어떤 상태인가에 따라 이 자리는 한없이 반가운 선물이 될 수도 있고, 끔찍한 고문으로 여겨질 수도 있다.

자존감은 크게 자기애, 자아관, 자신감이라는 세 개의 축으로 구성된다. 이 세 가지 축은 상호의존 관계에 있으며, 따라서 어느 하나가 없으면 안 된다. 무엇 하나 빼놓을 것 없이 중요한 이 세 가지 요소는 아이가 인생이라는 이름의 '파티'를 즐기고 의자 위에서 안정적으로 편하게 앉아 있도록 하기 위해 우리가 주력을 쏟아야 할 부분이다.

사람들은 보통 이 가운데서 자신감에만 신경 쓰는 경향이 있다. 셋 가운데 가장 가늠하기 쉬운 요소가 바로 자신감이기 때문이다. 하지만 자존감의 다른 두 요소 역시 매우 중요하다는 점을 안다면 우리는 대다수 부모들이 간과하는 부분을 실천하는 세심한 부모가 될 수 있다.

◇ 자기애

자기애는 자존감의 근원이다. 이는 무조건적인 사랑이어야 한다. 자신의 한계나 오류, 실수에도 불구하고 자기 자신을 사랑해야 하는 것이다. 이는 인간의 절대적인 조건으로, 우리가 하는 행동의 옳고 그름과는 무관하다. 자기애는 인간으로서 우리가 가진 가치에 대한 무조건적인 사랑과 존중을 뜻하기 때문이다. 이는 존재 자체의 효용에 대한 스스로의 평가이지, 어떤 행동에 대한 평가가 아니다. 자신의 행위에 대한 평가는 자신감과 연관된다. 자기애는 곧 스스로의 가치에 대한 인식이라 할 수 있다.

자기애의 근원은 어린 시절 우리가 부모님을 비롯한 주위 사람들로부터 받은 조건 없는 사랑이다.

자기 자신을 존중하고 스스로의 위엄을 인정하는 것은 지적인 논리에 따라 이뤄지는 것도 아니요, 나르키소스적인 사고 작용에 따른 것도 아니다. 이는 그저 스스로의 존재에 대해 깊숙이 느끼는 것에 불과하다.

우리가 아이들에게 가르쳐야 할 부분은 아이가 우리 눈에만 소중한 게 아니라 이 세상에 있어서도 가치 있고 소중한 존재라는 점이다.

◇ 자아관

자아관은 우리가 스스로를 바라보는 내적인 시각이다. 이는 우리의 능력이나 소명, 운명 등에 대한 믿음에 해당한다. 자아관과 자아 인식은 서로 다른 개념이다. 자아 인식은 스스로의 가능성에 대한 올바른 평가만을 문제 삼기 때문이다.

자아관은 자신이 어떤 악조건에도 굴하지 않고 상황을 극복할 수 있다는 믿음을 지속시켜주는 내면의 힘으로, 미래의 상황 속에 자신을 투사해볼 수 있게 해준다.

부모가 자녀에 대하여 세워둔 기본 계획 및 그에 따라 자녀가 도출해내는 결론으로부터 이 자아관이 형성되는데, 자신에 대한 믿음이 클수록 자아실현은 더욱 쉬워지게 마련이다.

아이에게 한 가지 인생의 소명을 부여해주면, 아이는 타고난 능력과 인성을 고려하여 자신의 길을 선택하게 된다. 이때 아이는 자기 나름의 방식으로 인류의 발전에 기여할 수 있어야 한다. 세상 안에서 자신의 자리를 찾는 것이다.

◇ 자신감

자신감은 인생의 다양한 순간에 적절한 답을 제시할 수 있다는 강한 믿음이자 스스로의 역량에 대한 신뢰다. 자신감이 있으면 자신에게 문제 해결 능력이 있다는 것을 믿는다. 평소에 반복적으로 성취감을 느끼면 자신감은 꾸준히 유지되고 강화된다.

자신감은 주로 교육을 통해 갖춰지는데, 아이가 위험을 감수하도록 어느 정도 부추기느냐, 아니면 개인적인 시도를 어느 정도 자제시키느냐에 따라 아이가 갖게 되는 자신감의 수준도 달라진다.

아이가 자신의 역량을 발휘하고 실패에서 또 다른 가르침을 얻도록 지켜봐주자. 아이는 배우기 위해 존재하는 것이며,

가르침의 길은 평생 동안 끝나지 않는다.

자존감을 구성하는 세 가지 축은 보조의자의 세 다리처럼
하나하나가 다 중요하다. 자존감의 세 요소를 지속적으로
양성해주면 아이는 분명 높고 '안정적인' 자존감을 구축할 것이다.

자존감과
자신감의 차이

　자신감과 자존감은 서로 혼동되기 쉽지만, 앞서 살펴본 바와 같이 이 둘은 각각 다른 개념이다. 자존감은 확신과 신념의 집합체로서 자신감을 포함하는 개념이다. 자신이 삶의 혜택을 누릴 자격이 있다고 여기면서 스스로를 사랑하고, 아울러 스스로에게 실패할 '권리'를 부여하는 것 또한 자존감의 범주에 포함된다. 따라서 자존감은 상황에 따른 영향을 받지 않지만 자신감은 그때그때의 상황에 따라 달라진다.

　자존감은 자신감보다 훨씬 더 복잡한 개념이다. 세 개의 다리로 탄탄하게 받쳐지는 보조의자는 나무토막 하나보다는 안정적이다. 물론 다리가 하나인 의자 역시 나름대로 하나의 버팀목 역할을

해줄 수는 있겠지만, 모임이 끝날 때까지 계속해서 안정감 있는
자리를 만들어주지는 못한다.

자신감은 보통 한 사람이 특정한 상황 속에서 내적으로
대응하는 방식을 일컫는다. 따라서 자신감과 자존감을 서로
비슷한 개념으로 보기도 하는데, 이는 자신감을 자기 내면에서
지각되는 힘이라고 생각하기 때문이다.

하지만 자존감은 직접적으로 자신감에 영향을 미치는 반면,
자신감이 자존감에 영향을 미치지는 않는다. 자신의 능력에 대한
자신감만으로는 전반적인 자기 인식을 갖기 어렵다. 삶의 여러
가지 상황에 대처하는 문제 해결 능력이 있다고 해서 장기적으로
자존감 있는 삶을 유지할 수 있는 것은 아니기 때문이다. 하지만
자존감을 높고 안정적인 수준으로 유지한다면, 자신감을 잃은
경우, 혹은 특정한 상황에서 자기 확신이 없는 경우에 이를 든든한
방벽으로 삼을 수 있다.

살다 보면 누구나 힘든 상황을 겪기 마련이고, 경우에 따라서는
실패를 할 수도 있다. 계속해서 안 좋은 상황이 연쇄적으로
발생하며 악순환이 거듭되면, 의심이 또 다른 의심을 낳고 모든
믿음과 확신이 사라지기에 이른다.

자존감의 높낮이에 상관없이 불안정한 자존감을 갖고 있는

사람이라면, 어떤 일을 제대로 해내지 못했을 때 자신에 대해 갖고 있던 이미지가 크게 실추되며, 스스로의 가치를 심하게 깎아내리기도 한다. 상황을 극복하는 데에도 상당한 에너지가 소요되며, 어떤 일을 성공적으로 해내고 난 후에야 비로소 자신감을 되찾고 자기애와 자기 존중감이 되살아날 수 있다.

반면 '높고 안정적인' 자존감을 가진 사람이라면 똑같은 상황에서 좌절감을 느끼긴 하겠지만, 그렇다고 그 같은 상황 때문에 자기 자신에 대한 생각이 바뀌지는 않는다. 아울러 그 일로 인해 스스로의 가치를 깎아내리지도 않는다.

높고 안정적인 자존감을 가진 사람이라도 자신이 잘못한 상황에서는 스스로를 무능하다고 여길 수 있다. 가령 축구를 못한다고 생각하는 아이의 경우를 예로 들어보자. 이 아이는 사람들 앞에서 축구하는 것을 자신 없어 할 수 있다. 하지만 높고 안정적인 자존감을 가진 아이라면, 자신이 축구를 하지 못한다는 사실 때문에 스스로를 보잘것없는 사람으로 취급하지는 않는다. 축구 실력이 아이의 자의식에 전혀 영향을 미치지 않는 것이다. 심지어 축구를 못해서 팀에 들어가지 못하더라도 아이가 스스로에게 가지고 있는 자아 이미지는 무너지지 않는다. 아이는 자신의 가치를 깎아내리지 않으면서 그저 자신의 비루한 축구 실력을 자기 이미지에 더해놓을 뿐이다. 이러한 상황에도 불구하고 아이는 여전히 계속해서 스스로를 사랑하며, 축구 이외의 다른 방식으로 자아실현을 하면 된다고 생각한다.

　　반대로 '높지만 불안정한' 자존감을 가진 아이가 축구에 상당한 재능까지 갖고 있을 경우, 아이는 스스로에 대한 자신감과 확신에 가득 찬 모습을 보일 것이다. 그렇다고 아이의 전반적인 자기 인식에까지 영향을 주지는 않는다. 아이의 자신감은 자신의 존재 자체가 아니라 (아이가 스스로를 비춰 보는) 자아 및 행위에 기반을 둔 것이기 때문이다. 따라서 아이가 축구를 못하게 되는 어떤 요인 하나만 생기더라도 아이의 자신감은 무너질 수 있다. 아이의 자신감이 스스로의 존재가 아닌 '상황적 요인'에 근거하기 때문이다.

　　만약 잘해야 한다는 압박이 가중되고 아이의 축구 실력이 떨어질 경우, 아이는 내적으로 상당히 힘든 상황에 직면할 것이다. 축구 자체를 포기해버릴 수도 있고, 자꾸만 늘어가는 부정적인 생각과 실패에 대한 두려움 때문에 스스로를 억누르려는 심리적 억제 작용이 일어날 수도 있다. 자아가 강해 상황에 대한 책임을 자신의 팀이나 코치, 심판 등 타인에게 전가하는 경우가 아니면 아이의 자기애도 흔들릴 수 있다. 아이는 끊임없이 현실을 왜곡해서 바라보며, 세상이 자기를 몰라준다고, 혹은 자신이 제일 큰 피해자라고 느낄 것이다.

간단히 정리하자면, 1부의 내용에서 부모들은 다음의 세 가지만 알아두면 된다.

자존감은 서로 불가분의 관계에 있는 세 가지 요소, 즉 자기애와 자아관, 자신감을 모두 아우르는 개념이다.
높고 안정적인 자존감은 우리를 위로해주는 내면의 피난처로서, 우리가 살아가는 데 필요한 삶의 자원을 끌어 올리는 데에 도움이 된다. 자존감은 우리를 바른길로 인도해주는 우리 안의 호의적인 목소리이기도 하다.
높고 안정적인 자존감은 우리 내면에서 들려오는 마음의 소리에 가장 가까이 다가가게 해줌으로써 사고와 행동 사이의 적절한 선을 유지하며 살아갈 수 있게 해준다.

자신이 말한 대로 생각하고 자신이 생각한 대로 행동하는 사람은 별로 없다. 그렇기에 우리는 '올바르고 안정적인 자존감'을 구축할 필요가 있으며, 자아에 휘둘리지 말아야 한다. 자존감이 제대로 구축된 사람은 스스로의 '정체성'에 대해서도 완벽하게

파악하고 있다. 그렇다면 정체성이란 도대체 무엇일까? 여권
정보에 수록된 정보만으로는 우리의 정체성을 설명할 수 없다.
우리는 이름과 주소, 지문, DNA와 같은 정보를 모두 합쳐놓은 것
이상의 존재다. 이제 '정체성'에 대해 구체적으로 살펴보기로 하자.

정체성이란
무엇인가

전화를 걸거나 인터폰을 누른 뒤, 저쪽에서 "누구세요?"라고 물으면 우리는 대개 "나야."라고 답하고 만다. 아니면 저쪽에서 먼저 나를 알아채고 "○○이구나."라고 말할 수도 있다.

이렇듯 '나야.'라고 말을 하는 상황에서 우리는 자신의 이름이나 직업, 성별, 키, 목소리, 출신지, 주소 같은 정보를 늘어놓지는 않는다. 그저 '나'라는 이 한 단어가 나의 모든 존재와, 아울러 사람들이 나에 대해 알고 있는 모든 것을 포괄한다. 여기에는 우리의 정신적인 부분, 즉 마음이나 의식이 포함되고, 정체성도 포함된다.

우리의 신원을 규명해주는 요소들과 (마음 및 의식 측면에서의) 정체성을 혼동해서는 안 된다. 취업 면접을 보는 상황에서 우리는 면접관에게 자신의 정체성과 관련된 부분을 늘어놓는다. 지원 번호와 지원 동기, 자신이 가진 역량과 스스로의 바람 및 포부를 이야기하는 것이다. 하지만 면접관은 이것만으로 우리의 진정한 정체성을 알아내지는 못한다. 정체성은 우리의 깊은 내면에 깔려 있는 부분이기 때문이다. 면접관 앞에서는 그저 자신의 인격 및 정체성의 피상적인 면만을 드러낼 뿐이다. 면접관이 우리 안의 모든 잠재력, 즉 우리의 진정한 정체성을 볼 수 있으려면 그는 우리의 모든 성향을 파악할 수 있어야 한다. 내 친구들이 내 목소리만 듣고도 나에 대해 상당히 많은 것들을 이해하고 떠올릴 수 있는 것처럼 말이다.

물론 인간의 정체성에 대해 확실하고 알기 쉬운 답을 제시해주는 사람들도 있긴 하다. 철학자와 심리학자 등 정신세계를 연구하는 사람들은 저마다 정체성에 대한 해석을 갖고 있다. 그 해석이 맞든 틀리든, 혹은 이론적이든 이상적이든 이들이 제시하는 정의는 여러 가지 측면에서 상당히 복잡한 양상을 띤다.

내 경우는 모두가 쉽게 이해할 수 있을 만한 정의를 찾지 못해 어느 열 살 소녀의 말로써 이를 대신하고자 한다. '쥘리'라는 이름의 이 소녀는 정체성의 개념을 다음과 같이 정리해주었다.

"나는 계속해서 달라져요. 내가 원하는 대로 조금씩 다른 내가 되는 거예요. 하지만 그래도 내가 계속 나인 것에는 변함이 없어요. 나는 나이지 다른 사람이 아니에요."

정말 똑똑한 아이가 아닐 수 없다. 정체성이란 변화를 통해 나 자신에 대해, 그리고 스스로의 잠재력에 대해 인식하는 것이다. 자존감이 높고 안정적인 사람은 자기 내면의 피난처와 호의적인 목소리를 바탕으로 자신의 모든 가능성과 잠재력을 표출해낸다. 잠재력은 개인의 정체성과 직접적으로 연관되는데, 정체성의 모순적 성격을 이해하면 이로부터 잠재력을 이끌어낼 수 있다. 쥘리의 말대로 우리는 늘 변함없이 나로서 존재하는 한편 끊임없이 달라진다.

영화 〈백 투 더 퓨처Back To The Future〉의 주인공 마티 맥플라이는 '드로리안'이라는 타임머신을 타고 기상천외한 모험의 세계로 들어간다.

마티는 현재의 시간이 어긋나지 않게 과거에서 적절히 대처해나가는데, 이 과정에서 그는 자신의 (멍청한) 아버지를 구해주고, 자신에게 반해버린 엄마 때문에 하마터면 존재 자체가 사라질 위기에 놓이기도 한다. 또한 자신이 알고 있는 모든 기발한 발상들을 짜내 시간이 뒤엉킨 그 세계의 문제점들을 바로잡으려 애를 쓴다. 그러면서 마티는 자기 자신에 대해서도 많은 것을 깨닫게 되고, 시간 여행을 떠나기 전 엄격하다고만 생각했던 부모님에 대해서도 많은 점을 배운다. 결국 현재의 자신과 가족을 온전하게 살려낸 그는 다시 자신이 있던 현재 세계로 되돌아온다.

그렇다면 과거로의 시간 여행을 하고 원래 세계로 돌아온 마티는 이전과 달라졌을까? 물론이다. 그는 떠나기 전보다 훨씬 더 많은 것들을 알게 됐다. 이제 마티는 좀 더 포괄적인 시각에서 판단할 수 있게 되었고, 기존과는 다른 믿음과 신념을 가지게 됐다. 자신에게 천부적인 능력이 있음을 깨달았으며, 스스로 미처 의식하지 못했던 성격의 면면들도 파악하게 되었다. 마티의 자존감은 전체적으로 개선되었을까? 영화를 본 사람들이라면 이를 의심할 수 없을 것이다.

그렇다고 마티가 전과 완전히 다른 사람이 된 것은 아니다. 여러 가지 일을 겪고 다시 원래 세계로 돌아온 마티는 여전히 모험을 떠나기 전과 똑같은 사람이다. 물론 자신감은 조금 더 커졌겠지만, 여행 전과 후의 마티는 여전히 모두의 눈에 똑같이 보이는 동일 인물이다. 똑같은 미소에 똑같은 입맛과 유머 감각을 가진 마티 맥플라이인 것이다. 더 많은 지식과 경험을 갖게 되었을 뿐, 마티의 성격이나 인격에는 변함이 없으며 그의 정체성은 달라지지 않았다. 마티는 그저 과거로 모험을 떠나기 전보다 더 머릿속이 복잡해진 존재가 되었을 뿐이다.

시간이나 상황은 우리의 기본적이고 영속적인 성격을 변화시키지 못한다. 우리만의 색깔과 개성, 그리고 우리의 정체성을 이루는 부분은 그 어떤 상황에서도 달라지지 않는다.

자존감이 올바로 구축된 사람은 스스로의 정체성을 보다 쉽게 드러낼 수 있다. 이는 우리가 누군가의 본성이나 기질은 변화시킬 수 없음을 의미한다. 하지만 그 사람이 잠재력을 드러내도록 이끌어갈 수는 있다.

우리는 어떤 생각과 마음을 갖고 있고 또 어떤 정체성을 갖고 있느냐에 따라 타인과 구별된다. 앞에서도 살펴봤지만 자존감의 세 가지 요소에 자아 인식은 포함되지 않는다. 그러나 자아 인식은 우리 자신이 어떤 사람인지 일깨워주며, 나아가 우리의 정체성과 잠재력을 파악하게 해준다. 그리고 자존감은 이러한 정체성을 전면에 내세워 잠재력을 계발하는 데 이바지한다. 쉽게 말해 자기 자신에 대해 잘 알고 있으면 스스로의 숨은 역량을 파악하기가 쉽고, 이에 더해 자존감이 높다면 역량을 발전시키기가 용이하다는 것이다.

자존감은 자기만이 가진 이러한 특성을 인식하는 한 방식이다. 자존감이 높고 안정적일수록 이 같은 개인의 특성에 더 큰 가치를 부여하게 된다.

끊임없이 변화를 추구하는 가운데 우리는 자기 앞의 가능성을 모색한다. 그리고 어린 소녀 쥘리의 말처럼 그렇게 계속해서 달라지는 가운데에서도 나는 여전히 나일 뿐이다.

조각가와 원석 세공사의
극명한 차이

대부분의 부모나 교사들은 조각가처럼 행동하는 경우가 많다. 조각이나 소조를 하는 사람들은 재료의 일부를 없애거나 더함으로써 형태를 변화시킨다. 조각을 하려는 목적은 일단 원래의 재료를 변형해 다른 형상을 빚어내는 데에 있다. 그러나 다이아몬드 세공사의 역할은 조금 다르다. 원석을 세공하는 사람은 가능한 한 원석 본연의 성질을 최대한 살리면서 재료 그 자체를 드러내고자 애쓴다.

먼저 조각가는 재료를 '자기 것'으로 만들고 마음대로 주무르며 조각이나 부조 등 원하는 작품을 만들어낸다. 이 경우, 재료 본래의 잠재력이 모두 발휘되었다고는 보기 힘들다. 최종 완성작이 조각가의 선택과 의도에 따라 달라지기 때문이다.

그에 반해 다이아몬드 세공사는 재료와 그 잠재력 사이의 단순한 매개자로서 양쪽을 중개하는 장인 정도의 역할만을 담당한다. 다이아몬드 세공사는 재료 본연의 아름다움과 가치, 그리고 그 모든 잠재력을 드러내주되, 재료의 크기나 색깔, 그 출처에는 간섭하지 않는다.

다이아몬드 세공사는 재료에의 접근법을 다양하게 변화시킨다. 자신의 뜻에 따라 완성작의 모양을 결정하지 않으며, 오로지 다이아몬드 본연의 성질만이 최종 형태와 빛깔을 만들어내도록 작업한다. 조각가와는 반대로 다이아몬드 원석의 정체성을 살려내는 방향으로 작업을 하는데, 그가 이렇게밖에 작업할 수 없는 이유는 두 가지다.

첫째, 다이아몬드는 지구상에서 가장 단단한 천연 재료다.

먼저 (아이들에 비유할 수 있는) 다이아몬드 원석은 특정 각도와 방향을 따라서만 세공이 가능하다. 유독 더 '연하게' 잘 깎이는 면이 있는데, 이는 원석의 결정면을 깎아내기 위한 유일한 방법이다. 세공 각도가 동일한 똑같은 다이아몬드는 없다. 제아무리 똑같은 쌍둥이라도 성격은 서로 제각각이다. 이 때문에 각각의 다이아몬드는 자기만의 고유한 성질을 가지며, 이는 각 다이아몬드만의 '혼'이 된다. 따라서 한 번 세공이나 가공을 거친 다이아몬드라 할지라도 다른 개체들 사이에 있을 때 구별이 가능하다. 각 다이아몬드는 고유의 속성과 날인을 간직한다. 이렇듯 자기만의 고유한 세공 각도 때문에 하나의 다이아몬드는 다른 다이아몬드와 결코 혼동될 수 없으며, 외부에서 그 어떤 세공 처리가 이뤄지더라도 원석 고유의 성질은 변하지 않는다.

둘째, 다이아몬드 세공사는 자신의 뜻대로 결정면을 깎는 게 아니라, 원석 자체의 각도와 잠재력, 즉 해당 원석의 정체성에 따라 세공 작업을 한다.

영화 〈죽은 시인의 사회〉에서 로빈 윌리엄스가 연기한 키팅 선생은 학생들을 제도권 교육의 틀 속에 가두려 하지 않고, 학생들에게 자신이 진정으로 원하는 것과 스스로의 생각을 드러내는 법을 가르친다. 학생들이 자기만의 색깔을 드러내고 잠재력을 표출할 수 있도록 허용한 것이다. 고전 작품이 된 이 영화는 여러 사람들에게 영감의 원천이 되었다. '자유'라고 하는 분명한 주제의식 외에도 우리의 잠재력과 정체성에 관한 메시지가 들어 있기 때문이다.

이에 반해 조각가는 재료를 가공하여 자신이 원하는 대로,

그리고 자신이 알고 있는 대로 성형하는 사람이다. 그리하여 좋은 결과를 만들어낼 수도 있고, 좋지 않은 결과를 만들어낼 수도 있다. 하지만 다이아몬드 세공사는 자신이 원하는 것을 생각하지 않고 원석 본연의 성질만을 드러내기 위해 노력한다. 다이아몬드 원석 안에 내재된 본연의 가치를 존중함으로써 최적의 결정면을 뽑아내는 것이다.

자존감과 정체성이 얼마나 중요한 역할을 하는지 제대로 이해한 부모라면 자녀를 키울 때 다이아몬드 세공사처럼 행동하지 조각가처럼 굴지는 않을 것이다.

지구상의 다른 보석이나 금속과는 달리 다이아몬드만큼은 형태를 변형해 세공하는 것이 불가능하다. 다이아몬드는 깨거나 녹일 수 없으며, 폭발시킬 수도 없다. 다이아몬드는 지구상에서 가장 단단한 천연 자원이기 때문이다.

다이아몬드를 모암에서 빼내려면 오직 같은 다이아몬드를 이용해야 한다. 그 무엇도 다이아몬드에 내재된 힘을 이길 수 없다. 다이아몬드는 다른 다이아몬드가 있어야 세공 및 가공이 가능하다. 사람으로 치면 '타자의 절대적 필요성'과도 비슷하다. '타인의 존재'가 곧 '나의 존재'를 가능하게 하는 것이다.

독일의 철학자 한나 아렌트는 타인의 불가피한 필요성에 대해

한 사람이 진정한 인간으로 거듭나기 위해서는
자기 자신을 어떻게 만들어나가야 하는지 알아야 한다.

다음과 같이 정리한다.

"스스로의 정체성을 확인받기 위해 나는 절대적으로 타자에게 의존한다."

우리는 다른 누군가가 우리의 존재를 밝혀주기를 마음속으로 간절히 바라고 있다. 외부의 빛이 없다면, 그리고 조예 깊은 관찰자가 없다면 다이아몬드는 자신이 어떤 고유의 특성을 갖고 있는지 알지 못한다. 다이아몬드는 오로지 자기 자신에 의해서, 혹은 자신과 같은 성질의 타자에 의해서만 스스로의 본질을 드러낼 수 있는, 지상 유일의 특징을 갖고 있다. 다이아몬드는 항상 다른 다이아몬드를 통해서 세공된다.

어른이 된 후에도 자존감이 낮다면 그것은 자기 안의 원석이 그 빛을 발하지 못한 채 묻혀 있다는 뜻이다. 이런 사람은 찰흙 반죽처럼 남의 의견에 쉽게 좌우되며, 나아가 옆 사람이 내뱉는 한마디에도 크게 휘둘린다. 그동안 자신의 역할이나 영향력을 제대로 알아봐주지 못한 주변 어른들의 뜻에 휘둘리면서 자존감이 무너졌기 때문이다.

그러나 중요한 것은 부모나 주위 어른들이 어느 정도로 우리의 자존감을 무너뜨렸는지가 아니다. 그렇다고 우리의 정체성이나 의식이 타격을 입지는 않기 때문이다. 그들은 그저 내 본연의 색깔을 퇴색시킨 것일 뿐이다.

병리적 차원에서 정신적으로 문제가 있거나 이 세상을 떠난 고인이 아니라면, 아직 모든 가능성이 있다. 내가 그 살아 있는 증인이다. 나는 한 사람의 어엿한 인간을 위해 이 책을 썼다. 우리의 마음과 인격은 다이아몬드처럼 단단하고 영원하며, 우리가 원하든 원하지 않든 우리는 모두 다이아몬드같이 고유한 속성을 지니고 태어났다.

다이아몬드는 얼마든지 자기 자신을 드러낼 수 있다. 허위와 기만으로 본모습이 감춰져 있다거나 무언가 시멘트 같은 것이 우리 안의 원석을 뒤덮고 있더라도 자존감만 있다면 얼마든지 자기의 빛을 드러낼 수 있다. 우리 자신의 빛깔이 빛을 발하지 못하도록 막고 우리의 잠재력이 표출되지 못하게 방해하는 유일한 요소는 바로 우리의 낮은 자존감이다. 이는 심지어 빛을 향해 나아가고자 하는 우리의 욕구와 에너지마저도 빼앗는다.

당신은 분명 아이의 자존감을 살리려는 무언가의 노력을 하고 싶어서 이 책을 손에 들었을 것이다. 아이의 자존감을 살리는 게 쉬운 일은 아니지만 그렇다고 불가능하지도 않다는 점만큼은 확실히 이야기할 수 있다.

단언컨대, 우리 모두에게는 잠재력이 있다.

내 안의 목소리에 다시 한번 귀를 기울여보자. 다이아몬드 원석과도 같은 내 마음이 보내오는 다정한 목소리에 귀를 기울여야지, 나를 마음대로 주무르려는 악의적인 조각가가 내 머릿속에 남기고 간 치명적인 목소리에 귀를 기울여서는 안 된다. 필요하면 치료사도 찾아가고, 책을 읽거나 명상을 하고, 그리고 자기가 좋아하는 영화를 보면서 그렇게 나를 찾는 연습을 시도하다 보면 우리는 분명 높은 자존감을 되찾을 수 있다. 어쩌면 지금의 나처럼 자존감은 높은 수준이되 아직은 불안정할 수도 있겠지만, 그래도 낮은 자존감으로 있을 때보다는 사는 게 훨씬 수월해진다.

한 사람이 진정한 인간으로 거듭나기 위해서는 자기 자신을 어떻게 만들어나가야 하는지 알아야 한다.

나 스스로는 이렇듯 안정적인 상태에 이르지 못한다 하더라도 최소한 내 아이에게는 이와 같이 해줄 수 있어야 한다. 내가 받은 것보다 더 많은 것을 아이에게 주고자 하는 원대한 목표를 세우고 있는가? 안정적인 자존감이야말로 아이를 올바르게 살아가는 진정한 인간으로 만들어줄 것이다.

이제 반짝반짝 빛나는 다이아몬드 원석과도 같은 우리의 아이들에게로 눈을 돌려보자.

일찍이 부모 스스로 자기 본래의 색깔을 찾은 경우라면, 아이에게도 아이만의 색깔을 찾게 해줄 수 있다. 다이아몬드는 오직 본인의 정체성을 인지시키고 본연의 성질이 무엇인지 일러주어야만 다이아몬드 스스로 만족할 수 있다. 원석 안에 숨은 가능성을 설명해주고, 이로써 그 정체성에 대해서도 알려주려면 부모가 먼저 자기만의 다양한 면면을 통해 다른 다이아몬드와 스스로를 구별할 수 있어야 한다.

이는 앞서 말한 '타자의 절대적 필요성'이다. 우리는 타인과의 유사성, 그리고 차이점을 통해 확인되고 드러나는 존재다.

'나'란 존재는 살아가면서 겪는 여러 가지 상황의 다양성을 통해 구축된다. 우리의 생각과 취향은 시간이 흐름에 따라 달라지며, 이와 더불어 신체적인 변화도 수반된다. 하지만 그럼에도 우리는 늘 스스로를 인식할 수 있다. '나'라는 존재는 살아가는 동안 자아의 비슷비슷한 표상 속에서 조금씩 만들어져 가기 때문이다.

요컨대 정체성은 존재의 본질을 통해 결정되나, 이 같은 본성 속에 내재된 잠재력은 대인관계나 상황에 따라 형성된다.

과거의 시간이 현재의 시간과 어긋나지 않도록 상황을

해결해나가던 마티 맥플라이처럼 우리의 정체성도 시간의 흐름에 관계없이 일관되게 유지되지만, 이 같은 우리의 정체성과 연계된 잠재력은 언제나 유동적이다.

세상에 똑같은
다이아몬드는 없다

다이아몬드는 상당히 독특한 결정 구조를 갖고 있어 고유의
각도를 통해서만 세공이 가능하다. 인간에게 빗대어 말하면, 이
각도는 자기 나름의 추론 과정과 신념에 해당한다고 볼 수 있다.
타인을 이해하고 타인과 상호작용을 하기 위해 스스로 쌓아가는
확신과 논리 구조가 곧 자기만의 고유한 색깔이 되는 것이다.

예를 들어 갓난아이의 경우라면 울고 떼를 쓰는 것으로써 어떤
것은 손에 얻고 어떤 것은 그렇지 못한다는 결론을 내리게 된다.
자신의 주위 환경과 상호작용하는 가운데 자기 나름의 결론을
내리는 것이다.

우리 역시 인과관계를 분석하거나 추론하는 과정을 통해

세상의 이치를 깨우쳐나간다. 우리와 아무 상관이 없거나 크게 와 닿지 않는 것들은 곧 잊어버리고 만다. 그러니 자기 자신에게 별로 의미가 없는 무언가는 결코 자기 안에 담아두지 않는다.

　살다 보면 주변 사람들의 말이나 행동 하나를 계기로 무언가를 이해하게 될 때가 있다. 머릿속에서 일종의 추론 작용이 이뤄지는 것이다. 가령 어릴 때 오빠와 나는 여러 차례 싸웠지만, 그렇게 말다툼을 많이 해도 오빠가 나를 사랑한다는 사실은 잘 알고 있었다. 학교에서 나를 귀찮게 굴던 아이 얼굴을 오빠가 묵사발로 만들어주고 싶어 했던 그날, 나는 오빠가 나를 어느 정도까지 사랑하는지 '제대로' 알게 됐다. 오빠와 함께 11년을 살고 난 다음에야 비로소 나는 이와 같은 확신을 가질 수 있었다.

　그 당시 나는 자존감이 낮았기 때문에 내가 사랑받고 있다는 사실에 대한 확신이 별로 없었는지도 모른다. 사실 내 경우는 사랑받는다는 사실을 인지하기까지 다른 사람들보다 훨씬 더 많은 시간이 필요하다. 하지만 나 이외에도 이런 경우는 많으리라 생각한다.

　우리에게는 내적인 확신이 필요하고, 그 누구도 우리에게 그 확신을 강제로 주입할 수 없다.

　이렇게 자신에 대한 가족의 사랑을 확인했던 경험은 다들

한 번쯤 있을 것이고, 가족이 아닌 다른 사람에게서 이와 같이 무조건적으로 사랑받는 느낌을 가졌을 수도 있다. 확실한 것은 그 사람이 나와 상당히 깊은 애정 관계를 갖고 있던 누군가였으리라는 점이다. 가벼운 애정으로 시작했던 마음이 깊은 사랑으로 바뀌었을 수도 있다. 모호했던 사실이 가슴으로 진하게 다가오면 우리의 마음속에는 하나의 진실이 새겨진다. 그렇게 우리는 하나의 확신을 갖게 되고, 이로써 무언가가 정리된 듯한 느낌도 받는다. 반대로 우리가 더 이상 이 믿음을 갖지 못할 때에는 무언가에 금이 간 것처럼 느껴진다. 마치 우리 안에 무언가가 깨진 듯한 느낌이 드는 것이다.

우리가 아이의 머릿속으로 들어갈 수는 없으므로 아이가 우리의 말과 행동에서 어떤 결론을 도출해내는지 확실히 알 수 없다. 아이에게 사랑한다는 말을 하루에 수십 번씩 반복해서 한다고 해도 아이는 부모의 사랑을 스스로 확신하지 않는 한 자신이 사랑받고 있다고 느끼지 않는다. 아이는 자기만의 시각에서 상황을 이해하며, 이는 다이아몬드의 세공 각도와 마찬가지로 제각각으로 나타난다. 어떤 행위나 놀라운 경험, 색다른 발언, 즉흥적인 애정 표현 등 아이마다 필요로 하는 사랑의 표현 방식이 저마다 다르기 때문이다. 아이는 스스로 자신이 사랑받는다는 결론을 내리게 되는 그날, 비로소 자신이 사랑받고

우리는 눈앞의 아이에게,
혹은 장차 근사한 어른으로 성장할
이 아이에게 무엇을 기대하고 있는가?

존중받는 존재라는 사실을 알게 될 것이다. 아이가 스스로 이 같은 결론을 내리길 기다리는 동안 부모는 냉장고 위의 메모지나 벽지 위의 낙서로 끊임없이 사랑한다는 말을 남기지만, 그러한 표현이 아이에게 결정적인 영향을 끼치는 것은 아니다.

자존감은 '내적인 인식과 확신'에 근거한다. 그 어떤 경우에도 자존감은 무의식적인 반사작용을 통해 만들어질 수 없다. 영화 〈백 투 더 퓨처〉의 주인공처럼 우리의 인식 구조는 주위 환경의 변화 속에서 달라지는 법이다.

사고가 어느 정도 무르익을 때까지는 생각의 기복이 심한 편이다. 어떤 아이들은 열다섯, 열여섯 살만 돼도 어느 정도 성숙한 생각을 갖지만 스물다섯 살이 될 때까지 자신이 뭘 어떻게 해야 할지 모르는 사람도 있다. 사고가 미성숙한 단계에서는 계속해서 새로운 경험과 새로운 추론, 새로운 인식을 추구하는데, 아이는 먼저 '세상을 이해하는 방법'을 배운 후에야 비로소 어떻게 행동해야 하는지를 알게 된다.

아이가 결론을 내리는 과정에서 우리가 추론 도구를 제시하면, 아이는 이를 바탕으로 결론을 내리며, 이에 따른 하나의 확신도 갖게 된다. 이해를 돕기 위해 극단적이고 단순한 예를 하나 들어보겠다. 아이가 이를 닦지 않으려 할 때마다 우리는 "그럼 안

되지. 이가 더럽잖아. 대체 몇 번을 더 얘기해야 하는 거니? 이는 꼭 닦아야 하는 거야."라는 식으로 아이와 입씨름을 하거나 아이를 책망한다.

이런 상황에서 아이는 속으로 어떤 결론을 내릴까? 일상 속에서 별생각 없이 했던 행동에 대한 이런 반응은 아이의 자존감에 어떤 영향을 미칠까? 일단 아이는 속으로 '이를 닦아야겠어. 혼나고 싶진 않아. 이를 닦지 않으면 부모님도 싫어하실 거야.'라고 생각할지 모른다. 이런 경우, 아이의 반사작용은 이끌어낼 수 있다. 하지만 이는 아이의 자존감에 적잖은 영향을 미치게 된다. 잘하면 미미한 영향만 주고 끝날 수도 있겠지만 (아이가 어떤 결론을 내리느냐에 따라) 최악의 경우 자존감이 완전히 무너질 수도 있다.

부모의 말과 행동은 아이에게 일정 부분 영향을 미친다. 그렇기에 아이가 스스로 확신을 갖도록 하기 위한 가장 좋은 방법은 부모 스스로 모범을 보이는 것이다.

아이 스스로 양치를 하는 게 중요하다는 결론을 내리게 만들고 싶다면 이 같은 행위가 어느 정도로 (부모인 내가 아니라) 자신에게 중요한지를 아이 스스로 이해할 때까지 자꾸자꾸 보여줘야 한다. 부모의 이런 노력은 아이 스스로 '이를 닦고 나면 상쾌해서 기분이 좋아. 이가 깨끗하면 나도 더 예뻐지는(혹은 멋있어지는) 것 같아. 이건 나 혼자 할 수 있는 일이야.'라는 결론을 내릴 때까지 계속되어야 한다.

아이가 이러한 결론을 내릴 수 있으려면 어느 정도 말귀를 알아듣는 나이가 될 때까지 기다려야 한다고 생각할 수 있겠지만, 그건 틀린 생각이다. 모든 아이들은 예외 없이 자신이 멋지고 대단한 사람이라 느끼고 싶어 한다. 아이가 칫솔을 쥘 수 있는 나이부터 어떻게 하면 그렇게 멋지고 대단한 사람이 될 수 있는지 이해시키면 된다. 확실한 건 아이의 나이가 어릴수록 훨씬 더 이해시키기 쉽다는 점이다. 그 나이에도 이미 아이들은 우리가 미처 깨닫지 못하는 사이, 수많은 것들에 대해 수많은 결론을 내리기 시작한 상태다.

앞서 말했듯이 책임 있는 부모의 일이란 별다를 게 없다. 무언가 하나의 성과를 얻고 싶다면, 일이 진행되는 도중에 목적을 수정해서는 안 된다. 목적을 향해 나아가는 방식은 수정할 수 있어도 목적 그 자체를 바꾸어서는 안 되는 것이다. 우리의 목적이 높고 안정적인 자존감 확립에 있다면 중요한 부분들에 대해 매번 말을 다르게 바꾸어서는 안 된다.

그렇다고 우리의 목적이 아이의 자존감에 긍정적인 영향을 미치기 위한 획일적이고 규범적인 방법론을 가르치는 데에 있지는 않다. 그보다 아이가 특정한 방향으로, 즉 높고 안정적인 자존감을 구축하는 방향으로 결론을 내릴 수 있게 하는 최적의 환경을 만들어내는 데에 있다. 우리는 눈앞의 아이에게, 혹은 장차 근사한 어른으로 성장할 이 아이에게 무엇을 기대하고 있는가? 부모라면 먼저 이 질문에 답을 할 수 있어야 자녀 교육의 지향점을 정할 수 있을 것이다. 그런 후에야 비로소 우리는 시간의 흐름에 따라 아이 스스로 높고 안정적인 자존감을 가지게 해줄 수 있다.

높고 안정적인 자존감은 스스로 어떤 결론을 내리느냐에 따라 달라진다. 그리고 높고 안정적인 자존감이 구축되면 우리는 당당하고 올바르게, 우리의 몸과 마음을 최대한 존중하며 살아갈 수 있게 된다.

아이들은 누구나
주인공이 되려고 한다

이 세상에 태어난 아이들 중 사회에서 자기 자리가 없을 것이라고 단 한 순간이라도 생각하는 아이는 없을 것이다. 아이들이 꿈꾸는 희망 직업 목록들을 한번 비교해보라. 한껏 재능을 뽐내기만을 꿈꾸는 이 원석 같은 아이들은 사회에서의 자신의 정체성에 따라 무언가 한몫을 할 수 있는 사람이 되길 바라며, 실제로 그럴 가능성도 가지고 있다.

따라서 부모나 친척들의 잘못된 간섭으로, 혹은 부적절한 교육으로 아이의 자존감 발달이 저해되지 않고 아이 스스로 자기 안의 목소리에 귀를 기울일 줄 안다면, 아이는 누구나 이 사회의 주역으로 성장하길 꿈꾸게 된다.

아이의 정신세계가 잘못된 신념이나 추론으로 '오염'되지 않는다면, 아이는 보통 자신의 인성이나 성격, 혹은 장래 희망에 따라 반복적으로 다음과 같은 사람이 되길 꿈꾼다.

정의의 사도형 기사, 공주, 슈퍼 히어로, 요정 등
모험형 파일럿, 카우보이, 해적, 천문학자, 고고학자 등
예체능형 배우, 가수, 무용가, 음악가, 운동선수, 화가 등
사회 공헌형 경찰, 소방관, 의사, 간호사, 군인, 연구원 등
교육자형 교사, 강사, 종교 지도자 등
생산형 농부, 제빵사, 요리사, 건축가, 발명가 등
자연 친화형 목축업자, 수의사, 산악가이드, 목동, 선원 등
지도자형 왕, 여왕, 대통령, 황제, 정치인 등

아이들의 장래 희망을 참고하면 그들이 어디에 관심을 갖고 있는지, 또 어떤 방식으로 이 세상에서 자기 자리를 찾아가고자 하는지 짐작이 가능하다. 한 살 한 살 나이를 먹으면서 아이들은 자신의 취향을 좀 더 세심하게 파악하여 보다 현실적인 꿈을 갖게 된다. 가령 자연 친화형과 지도자형 사이에서 고민하던 아이는 근위병이 된다거나 산림 관리원, 동물원 관리인이 되는 쪽으로 장래 희망을 좀 더 구체화할 수 있다. 이 아이가 장래 희망을 정하는 중요한 기준은 자연환경에 기반한 직업인지, 동물과 관련된 직업인지, 대중을 위한 공공 업무인지에 따라 달라진다. 또한 선원이 되려는 아이라면 일단 '자연 친화형' 장래 희망을 가지고 있다고 볼 수 있다. 하지만 아이의 두 번째 장래 희망에 따라 앞으로의 진로는 다양하게 갈린다. 모험형 주역을 꿈꾸던 아이는 상선의 선원이 되길 바랄 것이고, 생산형 주역을 꿈꾸던 아이는 고기잡이 어선을 타고자 할 것이다. 사회형 주역을 꿈꾸던 아이는 해군이나 해경이 되고자 할 것이며, 예체능형 주역을 꿈꾸던 아이는 경쟁하거나 위업을 달성하는 일을 추구하고, 교육자형 주역을 꿈꾸던 아이는 유람선이나 크루즈에 올라 새로운 만남을 꿈꿀 것이다.

자신의 성향에 맞을 거라고 생각되는 직업을 정확하게 말하는 아이도 있다. 이런 경우 일찍이 자신의 희망 직업을 골라내는데, 특히 주류의 범주에 속하는 직업군에 꽂혔을 경우에는 쉽사리 자기 고집을 꺾지 않는다. 간혹 이런 아이는 진로를 바로잡아주어야 할 필요가 있는데, 머릿속으로 너무 막연하게 장래 희망을 생각하고 있기 때문이다.

한번은 열세 살 사춘기 소년 하나가 부모와 함께 내 상담실을 찾아온 일이 있었다. 아이에게서는 자존감이 결여되어 있다는 모든 신호가 느껴졌다. 아이는 자신의 유일한 꿈이 오로지 피자

배달원이 되는 것뿐이라고 했다. 우리가 아이의 진로에 대해 이야기하자 아이는 불같이 화를 냈고, 이어 학교에 대해서도 극도의 혐오감을 보이기 시작했다. 아이는 학교를 가지 않겠다고 고집을 부릴 정도로 학교를 싫어했고, 사실상 학교를 가지 않고 있었다. 아이의 부모는 자녀의 미래에 대한 걱정이 한가득이었지만, 아이를 위해 할 수 있는 것은 아무것도 없었다.

좀 더 어린 시절 자신이 꿈꾸던 장래 희망이 무엇이었는지 곰곰이 생각해보던 아이는 원래 꿈이 경주용 비행기 조종사였다는 사실을 털어놓으며 꽤나 부끄러워했다. 아이의 가정환경을 고려하면 상당히 문턱이 높은 직업이었기 때문이다. 따라서 집에서도 그런 아이의 꿈을 살짝 터무니없게 보는 분위기였다.

아이의 꿈 중에 장터 노점상에서 크레이프 장사를 하는 것도 있었다. 이번에는 아이의 꿈이 너무 보잘것없다는 생각에 부모 입장에서 받아들이기 힘들어했다.

아이는 모험형과 생산형 주역 두 가지를 동시에 꿈꾸고 있었다. 아이는 자기 귀에 들려오는 모든 이야기를 종합하여 자신은 결코 경주용 비행기 조종사가 될 수 없다고 결론지었다. 일련의 추론 과정에 따라 아이는 머릿속으로 빨리 달리는 어떤 탈것 위에서 도심을 가로지르며 사람들을 즐겁게 해줄 유일한 직업이 음식 배달원이라고 생각했다. 이에 그 일을 하기 위해서는 굳이 학교를 오래 다닐 필요가 없다는 결론을 내렸다.

아이는 무의식적으로 자기 마음에 가장 가까이 다가가려 노력하고 있었다. 스스로의 정체성에 최대한 가까이 다가가려 하는 것이다.

아이가 다시 학교에 돌아가 학업을 마친 뒤 가능한 때가 됐을 때 제과 일을 배우기로 결심한다면 소형 오토바이나 스쿠터를 사주기로 약속함으로써 이 가정은 다시 평온한 일상으로 돌아갈 수 있었다. 부모는 아이의 삶을 진지하게 존중해주는 한편 부모 스스로의 존재에 대해서도 온전히 존중할 수 있게 됐다. 사실 그들 자신이 이러한 상황을 초래한 것에 대해 지나칠 만큼 죄책감을 느끼고 있었기 때문이다. 아이는 여전히 학교를 싫어했지만, 그래도 부모가 있는 그대로의 자기 모습을 이해하고 인정해주었다는 느낌은 갖게 되었다. 상당히 시사하는 바가 많은 사례였다. 그러나 모든 일이 이와 같이 쉽게 해결되지는 않을 것이다. 그날 이후로 나는 내 상담실을 찾아오는 꼬마 손님들에게 마음속 깊이 어떤 종류의 주역을 꿈꾸고 있는지 빠짐없이 물어보게 되었다.

그러니 아이들이 어떤 범주의 장래 희망을 갖고 있는지 관심 있게 지켜보자. 특정한 형태가 반복적으로 제시된다면 이는 아이의 정체성에 부합하는 장래 희망에 가깝다고 봐도 무방할 것이다.

다행인 점은 인간이라면 누구나 자신이 진정으로 원하는 일을 하려는 마음의 준비가 되어 있다는 것이다. 그러니 자존감만 제대로 자리를 잡아준다면 우리의 아이들은 한 사람의 몫을 해내는 '어엿한 어른'으로 성장할 수 있다. 특히 높고 '안정적인' 자존감이 뒷받침되는 경우라면 아이는 훌륭한 인간으로 성장할 수도 있다. 스스로 무엇을 어떻게 해야 할지 아는 사람이 되는 것이다.

아이의 세계관이 달라지는 데에는 부모나 주위 어른들의 역할이 크다. 유년기가 중요한 이유도 바로 여기에 있다. 부모나 보호자는 유년기의 아이에게 산을 옮길 만한 힘을 부여해줄 수도 있고, 아니면 반대로 자신의 삶에 가치를 실으려는 아이의 모든 시도를 무력화시킬 수도 있다. 객관적으로든 주관적으로든 우리가 아이에게 주는 확신과 믿음은 아이의 사고와 행동, 건강 상태를 규정짓는다.

우리는 이런저런 방식으로 아이들에게 상당한 영향을 미치는데, 요람을 흔들어주는 것만으로는 아이의 자존감이 제대로 확립되기 어렵다. 따라서 부모는 상황에 따라 적절히 대처하며 자신의 역량껏 어떻게든 아이의 자존감 문제를 해결하려고 한다.

그러나 중요한 것은 상황에 따라 적절히 대처하는 것이 아니라 어떤 상황에서든 변함없이 대처하는 것이다. 아이에 대한 우리의 사랑과 믿음, 아이에게 보내는 애정 어린 시선은 그때그때의 상황에 따라 달라져서는 안 되는 것들이다. 아이는 나이가 몇 살이든 부모에게서 자존감이라는 이 소중한 선물을 받을 수 있어야 한다.

이 세상에서 아이의 모든 기대와 바람을 충족시켜주는 부모는 아무도 없다. 이는 한마디로 '절대' 불가능한 일이다. 아이는 세상의 모든 것을 원하기 때문이다. 아이는 세상의 모든 것을 다 알아듣고 이해하길 바라며, 모든 것을 해석하려 든다.

하지만 우리는 결코 아이의 머릿속에 들어갈 수 없으며, 아이가 무엇을 어떻게 느끼는지도 알 수 없고, 아이를 완벽하게 만족시켜줄 수도 없다. 그리고 이는 무척이나 다행스러운 일이다. 아이 스스로 깨닫는 삶을 영위하는 가운데 삶의 경이로움을 누릴 수 있기 때문이다. 우리가 부모로서 할 수 있는 최선은 아이가 삶의 모든 상황에 대비할 수 있도록 높고 안정적인 자존감을 선물하는 것뿐이다.

이에 우리는 아이에게 읽고, 쓰는 법을 가르치고, 여럿이서

단체 생활을 하는 법도 가르친다. 뿐만 아니라 아이에게 미래에 대한 믿음을 가지라고 말하고, 자아를 인식하고 감정을 절제하는 방법도 알아야 한다고 이야기한다. 하지만 그에 대한 구체적인 방법을 가르쳐주지는 않는다. 결론은 지극히 간단하다.

우리가 아이를 생각하며 그리고 있는 아이의 미래상을 말해주지 않으면 아이는 이를 알 수 없다. 아이에게 우리가 기대하는 바가 무엇이며, 또 왜 그러한 기대를 하고 있는지 직접적으로 설명해주지 않는다면, 아이는 머릿속에서 엉뚱한 상상만 하고 있을 것이다. 아이가 스스로의 천부적 기질과 재능을 계발할 수 있게 도와주지 않으면 아이는 자신의 역량을 제대로 모른 채 성장할 가능성이 크다. 아이가 살아가면서 무슨 일을 해야 할지 깨우쳐주지 못하면 자아를 고민하고 스스로를 의심하는 데에 많은 시간을 허비할 수 있다.

우리는 아이에게 세상의 모든 사랑을 베풀어줄 수 있다. 덧붙여 아이의 성장에 필요한 것은 바로 교육이다. 프랑수아즈 돌토도 이와 같이 말하고 있지만, 우리는 돌토가 한 말 중 "아이는 하나의 인격체다."라는 말밖에는 받아들이지 않는다. 하지만 돌토의 말은 끝까지 새겨들어야 한다. 돌토는 뒤이어 "아이에게는 교육이 절실히 필요하다."는 말로 문장을 마무리했다.

부모가 보다 장기적인 교육관을 갖고 있지 않으면 아이는 갈피를 못 잡고 헤매다가 결국 혼자서 모든 걸 만들어가야 한다. 이는 마치 다이아몬드가 스스로 모암에서 떨어져 나와 혼자 힘으로 자신을 세공하려 드는 것과 같다.

부모의 사랑 속에서 자라는 가운데 자신의 소임을 부여받고 인생의 여러 문제에 대처할 줄 아는 아이는 장차 어른이 되어서도 어떤 상황에서든 굴하지 않고 자기 인생에 만족하며 행복하게 살아갈 수 있다. 즉, 높고 안정적인 자존감이 뒷받침되어준다면 아이는 미래에 행복한 어른이 될 수 있는 것이다. 아이가 스스로 진정으로 원하는 게 무엇인지, 또 그 자신의 뜻대로 살아가는 게 무엇인지 깨우치게 해주었다면 아이는 책임감 있는 어른으로 성장할 것이요, 사랑을 줄 줄도 받을 줄도 아는 사람이 될 것이다. 뿐만 아니라 자립심을 가지고 스스로 생각하고, 믿음을 버리지 않는 긍정적인 어른으로 성장할 것이다. 이러한 아이라면 분명 자신이 꿈꾸는 주역에 가까운 어른이 될 것이다.

2부

아이의
높고 안정적인
자존감 확립을 위한
십계명

최소한 자신이 받은 만큼은
세상에 되돌려주는 것이 모든 사람의 의무다.

– 알베르트 아인슈타인

스스로를 믿는 만큼
성장한다

우리는 아이들이 원석 그 자체로서 한껏 빛나도록 해야 한다.
앞서 살펴본 바와 같이 자존감은 타인과의 상호작용과 경험을
통해 스스로에 대해 내리는 인식과 추론에 기반을 두고 있다.
우리의 머릿속에서는 신념과 동기에 따라 하나의 세계관이
구축되는 과정이 끊임없이 일어나며, 이를 바탕으로 우리는
자신의 경험에 의미를 부여한다.

스스로 믿는 바, 즉 확신과 신념을 우리는 '믿음'이라 칭한다.
그리고 우리를 움직이는 동기, 즉 진정으로 애착을 갖는 것을
'가치'라 칭한다. 우리는 자신의 가치 체계에 따라 움직이며,
자신의 믿음에 따라 세계관을 설명한다.

따라서 당연히 아이들에게도 자신의 세계관에 부합하는 믿음과 가치를 전해주고자 한다. 자신의 세계관을 확장하는 방법을 깨달은 부모라면, 그리고 아이에게도 높고 안정적인 자존감을 부여해줄 수 있는 부모라면 남들과는 다르게 아이를 키울 수 있지 않을까?

성인이 되어서도 온전히 그 자신으로 존재하지 못하게 만드는 일련의 표현들이 있다. '~를 해야 한다/하지 말아야 한다', '~이 필요하다/필요하지 않다', '~를 할 수 있다/할 수 없다' 등과 같은 표현은 어린 시절부터 줄곧 우리의 기억 속에 각인되어 있다. 그리고 우리가 내리는 모든 결론들은 이러한 표현의 틀에서 크게 벗어나지 않는다.

믿음은 만들어지는 것이 아니다. 믿음은 주관적이고 비합리적이며, 이는 우리가 자신이나 타인에게, 그리고 세상에 갖는 생각이다. 믿음은 대부분 의식의 영역에서 완전히 벗어나 있다. 어떤 믿음은 우리가 삶에서 앞으로 나아가는 데에 도움을 주고, 또 어떤 믿음은 우리를 한정짓고 뜻을 마음껏 펼쳐볼 수 없도록 저지한다. 우리의 행동은 믿음에 따라 달라지며, 믿음은 우리의 행동을 이끌어간다. 이는 믿음이 특정 행동을 유발하는 동기인 동시에 그 같은 행동을 하는 이유라는 뜻이다. 따라서 믿음은 시간이 갈수록 더욱 강해질 수밖에 없다.

가령 스스로가 서툴고 덤벙댄다고 생각하는 사람이 있다고 치자. 그는 자신이 그런 행동을 할 때마다 '나는 역시 서툴고 덤벙대는 사람'이라는 믿음이 강해지고, 그에 따라 또다시 서툴고 덤벙대는 행동을 한다. 스스로 사랑받을 자격이 없다고 느낀다면, 그를 별로 사랑하지 않거나 불순한 의도로 그를 사랑하는 척하는 상대에게 이끌린다. 자신이 무능력하다고 느낀다면, 무언가를 시도해보려는 모든 노력을 스스로 억제하여 머릿속에 있던 자신의 세계관을 더욱 고착시켜버린다. 이른바 악순환의 고리에 빠지는 것이다.

하지만 앞서 살펴본 바와 같이 자존감은 선순환의 고리가 될 수 있다. 자존감이 높을수록 이 세상에서 자신이 쓸모 있는 사람이라는 생각이 더욱 강해지고, 자신의 가치나 존엄성, 삶의 역경에 대처해가는 능력에 대한 믿음도 더욱 강해지기 때문이다. 부모로서 우리가 해야 할 주된 임무는 높고 안정적인 자존감을 가질 수 있게 아이의 믿음을 유도하여 잠재력을 발휘할 수 있도록 하는 일이다.

요컨대 가치 체계란 내면 깊숙한 곳에 있는 의식적 동기에 해당하며, 이는 정체성과 직접적으로 관련된다. 그리고 믿음은 잠재력을 발휘하는 것과 직접적인 관계가 있다. 자신이 존재하는 것을 당연시 여기게 될 때, 혹은 부모의 삶이나 가치관의 간섭

없이 스스로의 잠재력에서 의미를 찾을 수 있을 때, 아이는 높고 안정적인 자존감을 확립할 수 있다.

믿음은 우리가 가진 잠재력의 한계를 설정하기도 하지만 우리가 가진 그릇의 크기가 되기도 한다.

아이의 자존감 확립을 위한 열 가지 방법에 대해 나는 이 책에서 '십계명'이란 용어를 사용했다. 이 '십계명'이란 표현이 완전히 마음에 드는 것은 아니지만, 여기에서 중요한 것은 단호함이다. 상황에 따라 달라지는 것이 아닌, 언제든 명심해야 할 사항이란 의미에서 '십계명'이란 단어를 사용한 것이며, 이는 어떠한 상황에서든 무조건 지켜야 한다는 함의를 담고 있다.

앞서 말한 대로 부모가 매번 말을 바꾸며 다른 이야기를 해서는 곤란하다. 아이가 성장함에 따라 말을 전달하는 방식은 달라질 수 있겠지만 그 내용은 언제나 동일해야 소기의 목적을 달성할 수 있다. 아이에게 있어, 특히 미래의 어른으로 자라날 이 아이에게 있어 그 자신으로서 존재해도 좋다는 믿음이 필요하다. 아이의 머릿속에 심어주려는 이 믿음이 결코 흔들려서는 안 된다. 아이는 죽을 때까지 스스로를 무조건적으로 사랑해야 하며, 자신의 역량을 신뢰하고, 살아가면서 수행해야 할 소임을 갖고 있어야 한다. 아이는 일찍이 이러한 부분을 체득한 뒤, 평생 이를

유지해나가야 한다. 그래야 장기적으로 안정적인 상태가 유지될
수 있다.

　습관적으로 '~를 해야 한다/하지 말아야 한다', '~이 필요하다/
필요하지 않다', '~를 할 수 있다/할 수 없다'라는 강압적인 생각에
시달리고 있다면, 이제는 이를 융통성 있고 책임감 있는 생각들로
바꾸어야 한다. 나는 무엇을 알고 있으며, 무엇을 믿고 생각하는지,
그리하여 어떠한 결정을 내릴 것인지로 초점을 맞추는 것이다.
　자녀 교육에 대한 확고한 목적을 가지고 교육에 임하면 아이의
윤리관을 발전시키면서, 교육의 한계선에 대한 강박관념을 차츰
내려놓을 수 있다. 여기서의 윤리관이란 우리가 무엇을 하며
살아갈 것인지 인지하는 것을 뜻한다. 즉, 위엄 있게 살아가는
나름의 방식을 깨우치는 것이다.

목적과 동기를
구분한다

다이아몬드 세공사와 조각가의 비유를 통해, 혹은 키팅 선생의
예시를 통해 앞서 살펴본 바와 같이, 아이 스스로 자신의 참모습을
깨닫게 해주는 일은 교육자로서 아이를 대할 때 애초의 목적이
어디에 있었느냐에 따라 그 방향이 달라진다.

부모는 우선 목적(의도)과 동기(이유)를 분명히 구분해야 한다.
두 가지 개념은 서로 중첩되는 부분이 많기 때문에 종종 혼동이
빚어지기도 하는데, 일상적으로 사용되는 맥락에서 두 용어의
의미는 매우 비슷하지만 근본적으로는 엄연한 차이가 있다.

여기에서는 자녀 교육의 목적과 동기를 서로 구분함으로써

우리의 최종 목적, 즉 성숙한 어른으로의 아이의 성장을
도모하고자 한다.

'목적(의도)'은 행동을 하기에 앞서 사전에 마음속으로 품은
생각을 가리킨다. 이는 결심을 이끌어내는 원동력에 해당한다.
법정에서도 사전에 범행 의도가 있었는지의 여부에 따라 범죄의
성격이 달라진다. 가령 살인을 사전에 계획하고 있었다면 계획적
살인이 되고, 그게 아니라면 우발적 살인으로 분류되는 것이다.
두 경우 모두 범행 사유는 동일할 수 있다. 둘 다 똑같이 병적인
질투심에 벌인 일일지라도 범행이 미리 계획되어 있었다면
계획적 살인으로 무거운 처벌을 받고, 우발적인 상황에서 벌어진
살인이라면 정상 참작이 되어 판결을 받게 된다.

그에 반해 '동기'는 특정 행위를 정당화하거나 설명해주는
일련의 사유를 말한다. 가령 매주 일요일 아침, 아이들이 일어나기
전 새벽같이 운동을 하러 가기로 결정했다고 하자. (운동을 하려는
목적이 매우 뚜렷한 상황이다.) 알람을 맞추고, 구입해둔 러닝화를
꺼내놓는다. 비가 온다거나 몸이 피곤하다는 이유로 조깅을
포기하지 않기 위해서는 저마다 운동을 하고자 하는 '동기'가
있어야 한다. 운동에 대한 욕구나 건강 문제, 체중 감량 등 이유는
여러 가지일 것이다. 어떤 사람에게는 운동을 하려는 이유가 되는
것이 다른 사람에게는 해당되지 않을 수도 있다. 즉, 나는 살을

빼기 위해 운동을 하지만 다른 누군가는 건강을 유지하기 위해
운동을 할 수도 있는 것이다.

이렇듯 무언가를 하려는 동기는 여러 가지가 있고, 이러한
동기를 가지고 행동으로 실천하는 것은 상황에 따라 달라진다.
우박이 미친 듯이 쏟아지는 날이라면 (아무리 운동을 가고자 해도)
운동을 나갈 수 없을 것이다. 하지만 그렇다고 해서 '운동을
하겠다'는 내 목적(의도)이 달라지지는 않는다. '운동을 하겠다'는
목적만 뚜렷하다면, 하루빨리 상황이 호전되어 다시금 운동을
나갈 수 있기를 바랄 것이다. 그러나 이렇게 확고한 결심 없이
그저 운동을 하려는 마음 정도만 있는 상황이라면 그다음
일요일에도 침대 안에 처박혀 있을 가능성이 높고, 모처럼 장만한
러닝화도 계속 새것과 다름없는 상태로 유지될 것이다.

또 다른 예를 들어보자. 직접 경험해보지 않았더라도 담배를
끊는 게 어렵다는 사실은 누구나 알고 있을 것이다. 금연이 그토록
어려운 이유는 무엇일까? 단 한 번의 결심으로 완전히 담배를 끊는
것에 성공한 사람들도 있는 반면, 몇 번을 결심해도 담배를 끊지
못하는 사람이 생기는 이유는 뭘까?

어쩌면 의지의 문제라고 생각할 수도 있다. 물론 맞는 말이다.
하지만 의지 또한 동기(이유)와 관련된 문제다. 건강상의 이유나

경제적인 이유, 사회적인 압박 등 담배를 끊기 위한 이유는 여러 가지가 있는데 뚜렷한 목적 없이 그저 (여러 가지 이유를 앞세운) 의지나 동기에 국한된 문제일 때, 금연은 오래 지속되지 않을 가능성이 크다. 금연을 하기 위한 여러 가지 사유들이 상황에 따라 무력화될 수 있기 때문이다. 기분이 울적하거나 갑자기 담배 냄새가 콧속으로 들어올 경우, 잠시 방심했을 때나 혹은 기력이 떨어질 경우, 얼마든지 다시 담배에 손을 댈 수 있다.

확고한 목적이 뒷받침되지 않은 동기는 그때그때의 상황이나 느낌, 건강 상태 등에 따라 달라진다. 금연에 성공한 사람들은 이런저런 핑계들로 스스로를 정당화하지 않고 '금연을 하겠다'고 결심한 사람들이다. 이들은 어떠한 상황에도 굴하지 않겠다는 확고한 결의로 금연을 결심했다. 따라서 담뱃값이 내려간다거나 건강 상태가 굉장히 좋을지라도 금연에 대한 결심은 흔들리지 않는다.

요컨대 동기는 그때그때의 필요나 욕구, 감정 등과 연관되고 충동적으로 달라지는 반면, 목적은 사전에 심사숙고하여 내린 결정이기에 상황이나 맥락에 따라 달라지지 않는다.

어찌 보면 이는 우리의 머릿속에서 일어나는 생각의 작용과도 비슷하다. 자아는 우리가 보고 싶은 대로 세상이 보일 수 있도록 온갖 노력을 다하는 반면, 자의식은 스스로 옳다고 생각하는

것만을 행하기 때문이다. 우리가 자녀들을 위해 선택하는 교육
환경은 평소 우리가 가진 목적이나 동기 등을 통해 형성된다.
주거 환경이나 학교, 주변 사람들, 가풍, 식습관, 위생 환경 등의
요소들이 모두 우리의 목적이나 동기에 따라 결정되는 것이다. 이
모든 요소들은 뚜렷한 목적을 갖고 있지 않는 한 언제든지 달라질
수 있다.

예를 들어 우리가 시골에 살겠다는 확고한 목적을 갖고 있는
상황이라면 그 누구도 우리를 도시로 이사 가게 할 수 없다.
부득이하게 이사를 해야 하는 상황이 오더라도 시골에서 계속
살기 위한 이유나 의지를 보이면서 무슨 일이 있더라도 자신이
살기로 결정한 곳에 남아 있으려 할 것이다.

무언가에 대한 동기가 한순간의 바람으로 끝나지 않고
지속적으로 유지되기 위해서는 단호한 결심, 즉 확고한 목적이
뒷받침되어야 한다.

아이로 하여금 높고 안정적인 자존감을 획득하게 하려면,
그리고 아이에게 내면의 이 따뜻한 피난처를 마련해주려면,
부모는 동기나 의지에 기대어 전략을 세워선 안 된다. 그건 '나는
앞으로 이십 년간 내 아이를 안아줄 수 있다'고 생각하는 것이나
마찬가지다. 슈퍼맨이든 아니든 사실상 이것은 불가능한 일이다.

거뜬히 뒷받침해줄 때가 있고, 그렇지 않을 때가 있기 때문이다. 상황에 따라 부모 앞에 (슈퍼맨에게 위협이 되는) 크립토나이트가 나타날 수도 있다.

'사전 계획'이라는 표현을 문자 그대로 다시 한번 짚어보자. '사전 계획'이란, 특정한 행동을 해내기 위한 목적을 가지고 사전에 미리 생각하고 예상하는 것을 의미한다. 우리가 목표한 것에 도달하기 위해서는 자신의 목적을 미리 고려하여 좋지 않은 상황이나 맥락이 우리가 선택한 방향에 영향을 주지 않도록 해야 한다. 그런데 어떤 행동을 사전에 계획할 수 있으려면, 스스로 가려는 곳이 어디인지 알아야 하며, 자신이 무엇을 하고 싶은지도 인식하고 있어야 한다. 이 '준비의 단계'에서 자신의 목적을 명확하게 구체화하여야 한다.

이는 저절로 이뤄지는 일은 아니다. 머릿속에서 실제로 목적과 동기의 개념을 분명하게 구분하기가 쉽지 않기 때문이다. 이 둘을 서로 분리하여 생각하려는 의식적인 노력이 없다면, 아무도 이를 구분해내지 못한다. 대부분은 무의식적으로 이뤄지는 작용이기 때문이다.

스스로에게 질문을 던지며 자신의 진정한 목적이 무엇인지 숙고해보지 않는다면, 우리의 목적은 무의식적인 상태에 머물러 있게 된다. 이 책에서 부모에게 제시하는 십계명은 부모의 말과 행동을 아이로 하여금 '의식적으로 깨닫게' 함으로써 높고 안정적인 자존감을 형성하게 하는 데에 유일한 목적이 있다.

다시 한번 강조하자면, 아이의 자존감 확립을 위해서는 부모 스스로 무언가 행위를 하도록 부추기는 동기(이유)와 사전에 확고히 세운 목적을 구분해야 한다.

무언가에 대한 동기가
한순간의 바람으로 끝나지 않고
지속적으로 유지되기 위해서는
단호한 결심, 즉 확고한 목적이
뒷받침되어야 한다.

자녀 교육에 대한 목적을
확고히 한다

지금까지는 이론을 중심으로 다루었으니, 이제는 구체적인 방법론을 중심으로 살펴보도록 하자. 앞서 우리는 자존감의 세 가지 축에 대해 살펴보았으며, 다이아몬드처럼 고유한 형태로 고정되어 있으나 시간의 흐름에 따라 그 잠재력이 드러나는 정체성의 원리에 대해서도 알아봤다. 이제 부모가 해야 할 일은 이러한 부분들을 아이에게 주지시키는 것이다. 1부에서 내내 이야기했던 '안정적인 자존감'을 확보하려면 아이는 스스로의 가치와 인생, 삶의 변수를 해결해나갈 역량에 대한 강한 확신을 지녀야 한다.

이를 위한 전략을 세우고자 한다면 고민해봐야 할 게 한두 가지가 아닐 것이다. 어디부터 손을 대야 할지 모를 수도 있다. 하지만 단 한 가지만 기억하자.

앞으로 아이에게 다이아몬드 세공사 같은 사람이 되는 것이다. 그리하여 아이의 잠재력을 이끌어내는 사람이 되는 것이다.

자녀 교육의 목적과 결정은 전적으로 부모에게 달려 있다. 자녀 교육과 사회 규칙이 여러 주체들 간 합의의 결실인 것은 사실이나, 아이의 정체성을 확립하고 아이 스스로 빛을 발하게 하려는 결정은 부모의 임무에 들어간다.

부모는 분명 장기적으로 적지 않은 영향을 미친다. 그렇다고 이를 위해 우리가 반드시 아이를 낳은 부모여야 할 필요는 없다. 나 역시 내 상담실로 찾아오는 아이들에게 부모와 같은 역할을 하고 있기 때문이다. 교육에 대한 진지한 생각을 가진 일선 교육 현장의 교사들은 물론 장애나 질병, 가난으로 어려움을 겪는 아이들을 가르치는 교사들 역시 아이들에게 자존감을 찾아주기 위해 노력하고, 아이들이 자기만의 색깔을 바탕으로 스스로 빛을 발할 수 있도록 애쓰고 있다.

아이를 키우는 한 사람으로서 부모, 교육자, 다이아몬드 세공사가 되기로 한 결정은 오로지 자기의 선택일 뿐, 다른 사람이 어떤 식으로 하는지는 전혀 중요하지 않다. 아이를 자기

품에 안았다면, 혹은 아이를 보호하는 입장이 되었다면, 그때부터 아이의 인생을 책임지는 것은 오로지 나 한 사람일 뿐이다. 아이는 오직 내가 구축해둔 환경 속에서 성장하게 되어 있다. 한 사람의 인생을 책임지게 된 순간부터 나의 삶은 이제 하나의 권리가 아닌 의무가 된다. 그때부터 나는 한 사람의 인생이 꽃을 피울 수 있도록 책임을 다해야 한다.

알다시피 아이는 부모가 몇 번 말한다고 해서 그 내용을 이해하는 것이 아니며, 온전히 자기 것으로 받아들이지도 않는다. 그러므로 높고 안정적인 자존감을 유지하도록 하기 위해서는, 즉 아이의 내면에 탄탄한 지지대와 피난처를 마련해주기 위해서는 아이 스스로가 결론을 이끌어내게 해야 한다. 이는 동화《아기 돼지 삼형제》이야기와 정확히 일치한다. 벽돌로 튼튼하게 자기 집을 지은 똑똑한 돼지는 다른 두 형제에게도 집을 튼튼하게 지어야 한다고 말했지만, 두 형제는 그 말을 귓등으로도 듣지 않았다. 세 형제는 늑대의 위협으로부터 몸을 피할 집을 지어야 한다는 똑같은 동기를 갖고 있었지만, 그에 대비하기 위해 각자가 내린 결정은 저마다 달랐다.

자기애, 자아관, 자신감이라는 자존감의 세 축을 놓치지 않으면서 아이의 잠재력을 일깨워줄 수 있으려면, 일단 천천히 시간을 갖고 자신의 목적과 동기를 구분해야 한다.

이와 관련하여 우리가 아이들에게 꼭 들려주어야 할 말들은 모두 보편적인 수준에서 통용되는 것들이며, 종교나 전통, 문화권과 국적에 상관없이 모든 아이들에게 적용될 수 있는 내용들이다. 올바른 자존감 확립을 위해 십계명의 형식으로 제안하는 방법은 부모가 취해야 할 행동의 사전 전략인 동시에 전 인류에 공통적으로 적용될 수 있는 보편적인 원칙의 총체다. 이는 자존감의 세 가지 축인 자기애, 자아관, 자신감의 균형을 맞추는 데에 도움이 될 것이다.

자존감은 아이의 정체성과 잠재력을 계발하여 이를 부각하는 작용을 한다. 각각의 개념들은 따로 떼어놓고 생각할 수 없다. 이 부분을 거듭 강조하는 이유는 각각의 개념을 혼동하지 말아야 하기 때문이다. 머릿속에 명확한 개념을 정립해두지 않으면, 아이가 하나의 메시지를 어떤 식으로 해석할지 알 수가 없으며, 아이의 머릿속에서 어떤 추론 작용이 이뤄지는지도 알 수 없다.

그러므로 우리가 부모로서 할 수 있는 최선은 다음과 같다.

부모의 목적을 분명히 밝힌다.

훈육하는 동안 일관된 발언을 한다.

아이가 스스로의 정체성을 드러내고 이를 긍정적으로 평가할 수 있도록 도와준다.

\#___아이가 성숙한 어른으로 성장할 수 있도록 최선을 다한다.
이혼, 장례, 건강, 업무 등의 상황적인 요인은 크게 중요치
않다.

아이에게 메시지를 전달할 때 어떤 방법을 택할지는
모르겠으나, 모든 것은 부모가 처한 환경과 동기에 따라 달라질
것이다. 아이에게 부모의 생각을 전하는 데 옳고 그른 방법이란
따로 존재하지 않는다. 어떤 때는 짧은 이야기나 영화 한 편,
단순한 경험 하나만으로도 충분히 뜻을 전할 수 있다. 나만
하더라도 고작 암탉 한 마리로 충분히 자존감이라는 선순환
구조를 내 안에 안착시키지 않았던가. 다만 아이가 이로부터
나름의 결론을 이끌어내도록 하려면 다양한 방식으로 계속해서
똑같은 메시지를 전달해주어야 한다.

나는 자녀 교육의 목적의식을 한 단계 향상시키고 명확히
이해할 수 있도록 아이의 자존감 향상을 위한 십계명을 여기서
소개할 것이다. 그 내용이 어떤 사람에게는 타당하게 와 닿기도 할
것이고, 또 개인적인 상황이나 전달하려는 가치관에 따라 덜 와
닿는 사람도 있을 것이다.

이제 이 모든 내용을 아이에게 어떤 방식으로 전달할지

고민해볼 때가 됐다. 어떠한 표현 방식으로 전달할지, 또 언제가 적절한 때일지를 고민해보기 시작하는 것이다. 우리가 하는 말의 함의를 깨닫게 할 수 있다면 우리는 아이의 자존감 향상에도 직접적으로 영향을 줄 수 있다.

나 역시 내 나름의 화법을 사용하여 독자들에게 영향을 주고 이해시킬 수밖에 없다. 여기서 제시하는 표현들 속에는 내가 아들에게 수시로 전달하고자 했던 목적이 담겨 있다. 특별한 지식이나 전략을 바탕으로 한 말들은 아니고, 그저 평소의 경험과 시행착오를 통해, 그리고 내 삶에 국한된 부분과 아이의 삶에 해당하는 부분을 제대로 구분하지 못해 생긴 실수들을 통해 발견한 나만의 표현이다. 먼저 크게 열 가지로 요약되는 이 표현들을 간략히 짚어본 다음, 뒤에 가서 좀 더 상세히 살펴보고 그 말들 뒤에 숨은 진의를 파악해보기로 하자.

독자들은 어떨지 모르겠지만, 나라면 어릴 때 부모님에게 다음과 같은 말들을 듣고 싶었을 것 같다.

1 네 인생에서는 너만의 이야기를 써나가야 하는 거야.

2 주저하지 말고 과감히 해봐. 어떤 결과가 나와도 우린 결코 실망하지 않을 거야.

3 실패하면 실패하는 대로 배울 점이 생길 거야.

4   텔레파시 같은 건 통하지 않아. 정확히 네 생각을 표현해야

     상대가 네 마음을 알지.

5   늘 똑같은 건 아무것도 없어. 모든 것은 다 변하게 마련이야.

6   수단과 목적을 혼동해선 안 돼.

7   신이 아닌 한 인간은 절대 완벽할 수 없어. 나처럼 그냥

     사람이면 되는 거야.

8   너를 놓아줄게. 네 인생은 너의 것이야.

9   포기하지 말고 너에게 모든 걸 쏟아부으렴.

10 적어도 내가 널 사랑하는 만큼은 네 자신을 사랑하렴.

나를 돌봐주는 누군가에게 이 같은 말을 들으면 좋지 않을까? 솔직히 말하면 나는 주위 어른들에게 이런 말을 들었어야 했다고 생각한다. 물론 나만 그런 것은 아니었을 듯하다. 여기에 정리해둔 열 가지 표현들에 담긴 진정한 의미를 나는 한참 어른이 되고 난 후에야 깨달았다.

어릴 적의 나는 부모에게 인정받으려 발버둥을 치거나, 그게 안 되면 반항을 하거나 둘 중 하나였다. 상당히 오랜 시간 동안 나는 나라는 존재에 대한 약간의 죄책감을 안고 있었다. 내가 무언가 깜냥이 되는 사람이라고 느낀 적도 별로 없었고, 무언가 실수를 하고 나면 내 눈에는 그게 무척 크게 느껴졌다. 자존심과 자기애를

혼동한 것이다. 한마디로 나는 나로서 존재하지 못하는 아이였다.

자존감에 대해 오랜 시간 연구를 하고 나니 내가 괜히 그랬던 게 아니라는 생각이 들었다. 그나마 다행인 것은 이러한 점을 깨닫는 데에 나이 제한이 없다는 점이다. 따라서 아이가 장성한 후라도 때는 늦지 않았다. 그리고 아이들이 얼마든지 자신의 빛을 발할 수 있도록 허용한다면, 20년 후에는 심리 상담과 관련한 모든 직업들이 사라질 수도 있을 것이다. 어른이 된 후 상담이 필요한 아이가 한 명도 없을 것이기 때문이다. 심리 치료나 자기 계발이라는 것도 알고 보면 모두 자존감, 즉 자기와의 대화와 관련하여 생긴 문제들을 바로잡아 주는 일이다. 최선의 길은 치료가 아닌 예방이다.

아이를 키우면서 화를 내고 상심하고 말과 다른 행동을 보이며 어리석은 짓을 벌였을 때마다 스스로를 채찍질했어야 한다면 나는 아마 한도 끝도 없었을 것이다. 부모로 산다는 건 그만큼 힘든 일이다. 한 아이를 책임지게 된 순간부터 지금까지 어떻게 해왔는지는 별로 중요하지 않다. 부모로서 우리는 누구나 다 자신이 아는 만큼 최선을 다해왔기 때문이다.

물론 '완벽한' 세상이란 게 존재했다면 그곳에서는 누구에게도 상처를 주지 않았을 것이고, 필요한 모든 것을 훌륭히 이행해냈을 것이며, 모든 게 기쁘고 즐거운 방향으로만 흘러갔을 것이다. 하지만 실제 삶은 그렇지 않다. 감정에 휘둘리거나 압박감에 시달릴 때도 있고, 충분히 생각하고 고민할 시간도 주어지지 않는다. 우리의 삶이란 그런 것이다. 현실 세계에 완벽함이란 존재하지 않기 때문이다. 나도, 내 아이도 완벽할 수 없으며, 앞으로 태어날 그 누구라도 완벽한 존재가 되지는 못한다.

'청소년기 자녀의 자존감'을 주제로 부모들을 대상으로 특강을 했을 때, 내게 와서 "정말 생각지도 못했던 부분입니다. 그동안 내가 아이에게 잘못했던 것 같습니다. 이런 점에 대해서는 정말 한 번도 생각해본 적이 없었습니다."라고 이야기하며 죄책감을 토로하는 부모들이 꽤 많았다.

사실 심리학 분야에서 자존감의 개념이 자리 잡은 것은 상당히 최근의 일이다. 우리의 생활방식과 미래에 대한 전망도 불과 20년 사이에 크게 달라졌다. 순응적인 세대에서 탈구속적인 세대로 옮겨간 것이다. 그러니 부모 스스로가 높고 안정적인 자존감을 가진 게 아니라면, 그 누구도 아이의 자존감의 중요성을 알지 못했을 것이다.

만약 모든 사람들이 자존감의 구성 요소를 알고 있다면, 이 책은 존재할 필요가 없다. 그리고 만약 모든 사람들이 완벽한 인간이라면, 이 책을 필요로 하는 사람이 없을 것이다. 상처가 우리의 인격을 구축하는 데에 기여하지 않았더라면, 우리는 어떤 감수성도 발달시키지 못했을 것이며, 우리가 모든 걸 미리 알았더라면 설령 실수를 범했더라도 준비 단계나 예행 단계에서는 멈추었을 것이다.

자존감이 결코 변하지 않고 고정되는 것이었다면, 아무런 희망도 없었을 것이며, 아이를 키우면서 우리 스스로도 성장을 하고 보다 나은 사람이 되는 게 아니라면 굳이 부모가 될 필요가 없을 것이다. 마치 남의 일 얘기하듯 스스로를 미리 판단하는 것은 옳지 않다.

우리는 15년, 20년 동안만 부모가 되는 게 아니다. 한번 부모는 영원히 부모다. 아이의 나이와 상관없이 정말 중요한 것은 무엇일까? 나는 그동안 무엇을 해왔고, 앞으로 무엇을 계속해야 할까? 어른으로 자란 뒤에도 자녀가 필요로 하는 것은 무엇일까? 부모로서 우리는 끊임없이 이런 질문들을 던질 테지만, 가장 중요한 것은 호의적인 시선으로 아이를 바라보는 일이다. 정말 중요한 것은 이것밖에 없다. 과거에도, 그리고 지금도 우리는 일상 속에서 늘 그렇게 하고 있다.

그러니 아이가 태어난 순간부터 높고 안정적인 자존감을

확립해주기 위한 모든 정보들을 미처 깨닫지 못했다는 이유로 쓸데없이 자신을 채찍질하며 자책하지 마라. 모두가 그렇게 자기를 채찍질하려 한다면 이 세상의 모든 채찍을 다 가져와도 모자랄 것이다.

부모라면 자기만의 확고한 의도를 가질 필요가 있다. 그리고 그 모든 것의 기반은 안정적인 자존감이다. 부모인 우리 역시 자기만의 고유한 각도에 따라 빛을 발할 권리가 있고, 그럴 자격이 있는 사람들이다.

완벽주의에 대한
콤플렉스부터 탈피한다

나는 감정 없는 로봇도, 외계인도 아니다. 나는 내 고유의 개인사를 살아온 사람이다. 부족함을 보일 때도, 짓궂음을 보일 때도 있으며, 다양한 기분을 표출하는 '인간'이다. 나 역시 하고 싶은 것도 바라는 것도 많으며, 의심과 두려움도 있다. 나는 그때그때의 내 여력과 기분에 따라 내가 할 수 있는 것을 하며 살고 있다. 어떤 때는 컨디션도 최상이고 모든 일이 순조롭지만, 또 어떤 때는 무엇 하나 마음먹은 대로 되지 않을 때가 있다.

아이의 자존감을 올바르게 확립하는 일이란 그저 내가 이끌어갈 수 있는 쪽으로 하나의 방향을 지정해주는 것이다. 그러자면 해야 할 일이 한두 가지가 아니다. 내가 아이를 얼마나

사랑하는지 깨닫게 하고, 아이 스스로 부모가 자신을 믿고 있음을
느끼도록 해야 하며, 이 세상에서 자신이 얼마나 쓸모 있는
사람인지, 그리하여 자기만의 어떤 빛깔로 이 세상을 밝힐 수
있는지를 가르쳐주어야 하기 때문이다.

나는 나대로 아이는 아이대로 높고 안정적인 자존감의
중요성을 이해하고 올바른 자존감을 구축할 수 있도록 적극적으로
노력한다. 나는 내가 할 수 있는 최선을 다하고, 목적이 분명해지면
적절한 기회를 포착하여 아이에게 그 목적을 이해시키기 위해
노력한다.

나는 나의 역량에 따라 나만의 이야기를 써내려가고, 아이는
아이 자신의 이야기를 써내려갈 것이다. 우리는 함께 우리의
훌륭한 이야기를 써나가면서 멋진 영화를 만들 것이다. 이것만큼
쉬운 일이 어디 있겠는가.

중요한 것은 목적이다. 이 점 한 가지만 유념하라.

올바른 자존감 확립을 위한
십계명

앞에서 정리한 열 가지 표현은 올바른 자존감 확립을 도와주는 훌륭한 말들이다. 간단하지만 그 효과는 상당하다. 겉으로는 단순해 보일지라도 이 표현들 속에는 여러 가지 목적의식이 포함되어 있다. 이 표현들을 입 밖으로 꺼낼 때 우리는 자신도 모르게 상당히 복잡한 개념들을 한꺼번에 내보낸다. 말이 곧 우리의 세계관을 담고 있기 때문이다.

이 말들은 강력한 힘을 발휘하며, 아이에게 기적과도 같은 힘을 선물할 것이다. 이제 앞에 나온 열 가지 표현들의 이면에 어떤 의미가 담겨 있는지 구체적으로 살펴보고 부모들을 위한 십계명으로 간략히 정리해보자.

1 네 인생에서는 너만의 이야기를 써나가야 하는 거야.

아이에게 스스로의 이야기를 써나가도록 격려해야 한다.
이는 인간으로서의 존엄과 정당성을 인지하게 하는 말이다.

2 주저하지 말고 과감히 시도해봐. 어떤 결과가 나오더라도 나는 결코
실망하지 않아.

아이가 무엇을 하든 결코 실망하지 않으리란 사실을 알게
해야 한다. 부모에게 무조건적인 사랑을 받고 있고, 자기
뒤에 굳건히 가족이 버티고 있다는 사실을 알려줄 필요가
있다. 이 말을 통해 무조건적인 사랑과 소속감의 문제에
접근할 수 있다.

3 실패하면 실패하는 대로 배울 점이 생길 거야.

실패에서도 배울 점이 있다는 것을 일깨워주어야 한다.
잘못하고 실수해도 믿음과 신념을 잃지 않게 해주는
것이다. 미래에 대한 믿음과 자신감의 문제에 접근하는
말이다.

4 텔레파시 같은 건 통하지 않아. 정확히 네 생각을 표현해야 상대가 네
마음을 알 수 있어.

아이에게 말로 표현해야 자신의 생각이 전달될 수 있음을
일깨워주어야 한다. 이를 통해 정당한 요구 사항에 대한
적극적인 표현과 진솔한 소통을 장려할 수 있다.

5 늘 똑같은 건 아무것도 없어. 모든 것은 다 변하게 마련이야.

모든 것이 변화하고 달라진다는 점을 인지하게 해야 한다.
이 말만으로도 아이에게 변화와 풍요의 개념을 전달함과
동시에 감사의 개념까지 되새기게 할 수 있다.

6 수단과 목적을 혼동해서는 안 돼.

최종 목적과 그것을 이루기 위한 수단을 혼동하지 않도록
가르쳐라. 아이 스스로 결정을 내리고, 또 상황에 맞게
대응하는 방법을 가르칠 수 있어야 한다.

**7 신이 아닌 한 인간은 절대 완벽할 수 없어. 나처럼 평범한 인간이면 되는
거야.**

부모든 아이든 완벽해지려고 해서는 안 된다. 이 말은
의무와 권리 사이에서 아이 스스로 균형을 잡을 수 있도록
도와줄 수 있다.

8　너를 놓아줄게. 네 인생은 너의 것이야.

아이의 날개를 꺾지 말아야 한다. 아이가 자신의 꿈을
발견할 수 있게 도와주고 책임 있는 행동을 하도록
가르쳐라.

9　포기하지 말고 너에게 모든 걸 쏟아부으렴.

아이가 꿈을 포기하지 않고 자기 자신에게 끊임없이 투자할
수 있도록 독려해야 한다. 또한 아이가 자유롭게 원하는
것을 하게 해주되, 필요하다면 비판을 가해줄 수 있는
부모가 되어야 한다.

10　적어도 내가 널 사랑하는 만큼은 네 자신을 사랑하렴.

아이가 자기 자신을 사랑하도록 이끌어주어야 한다. 이
짧고 간단한 말속에는 인간으로서의 존엄성과 자신에 대한
존중, 사회에의 공헌에 대한 의미가 담겨 있다.

이 책을 읽는 독자들도 분명 자신이 이 같은 말을 했을 때
이토록 많은 의미가 담길 수 있다는 점은 미처 생각하지 못했을
것이다. 하지만 우리가 무심코 하는 이 말들 안에는 수많은 의미가
내포되어 있다.

자녀의 나이와는 무관하게 우리는 항상 아이가 맡고자 하는 주역의 모습이 어떤 것이며, 어떤 직업을 가장 동경하는지 물어봐야 한다. (물론 자녀의 나이가 어리다면 문제가 좀 더 수월하긴 하다.) 그렇게 하면 자녀가 어디에 마음을 두고 있는지 그 진짜 의중을 알 수 있다.

또한 아이가 좋아하는 활동을 함께 한다거나 아이에게 새로이 무언가를 접하는 기회를 제공하고, 그동안 못 하게 했던 것들을 허용해줄 수도 있다. 다른 일은 일단 제쳐두고 아이가 좋아하는 영화를 함께 보고 영화의 내용에 대해 이야기해보는 것도 부모로서 우리가 언제든지 할 수 있는 일들이다. 그리고 아이에게 책임을 질 수 있는 행동들을 제안해보라. 잔디를 깎는다거나 간단한 요리를 하고 장보기 목록을 작성하는 등 아이 스스로 책임을 질 수 있는 활동들을 제안함으로써 자신이 스스로 얼마나 쓸모 있는 존재인지, 그리고 가족 안에서 얼마나 소중한 존재인지 느낄 수 있도록 해주어야 한다.

애정과 신뢰의 증거는 행동을 통해 나타나지 단순한 말을 통해 드러나지는 않는다. 그러나 일단은 아이가 말로써 표현을 하도록 내버려두고, 아이의 표현이 조금 서툴다면 아이의 곁에서 아이의 숨은 의중이 무엇인지 살펴보기로 하자.

아이가 힘들어하면 위로하고 보듬어주되, 힘든 사정을

시시콜콜 모두 다 알려 하지는 말고 아이 스스로 자기의 속사정을 간직하도록 내버려두어야 한다. 만약 아이가 나름의 노력으로 문제를 해결하려 든다면 아이에게 힘을 실어주고 격려하되, 변덕을 다 받아주지는 말자.

한 가지 더 주의해야 할 일은 모든 걸 부모의 기준에서 생각하면 안 된다는 것이다. 앞으로 아이에게 이야기할 때에는 아이의 직접적인 요구가 없는 한 "엄마/아빠 어릴 적엔 말이지…"라거나 "옛날에는…", "내가 너였다면…", "만약 네 할아버지가 이 꼴을 봤으면…" 등의 표현은 하지 않기로 하자. 아마도 옛날 이야기에 관심이 많아 부모 세대의 이야기를 궁금해하는 자녀가 아니라면 직접적으로 예전엔 어땠냐는 식의 질문을 할 일은 거의 없을 것이다.

요컨대 부모는 스스로를 상당히 뛰어난 작품을 만들어낼 감독이라 생각하고, 내 영화의 주연 배우가 자신의 모든 잠재력을 표출하며 최적의 상황에서 연기에 임할 수 있게 노력할 뿐이다.

이상의 내용들은 아마 다들 한 번씩 들어봤을 것이다. '자존감 십계명'으로 정리한 내용들은 내가 새로 지어낸 게 아니라 자존감과 관련한 기본 지식에 두세 가지 심리 치료 요령을 추가하여 내 직업적 소명에 따라 엮어낸 것이다. 이 책에서 제안하는 내용들 가운데 완전히 새로운 것은 아무것도 없겠지만, 그래도 그 내용을 기반으로 하면 머릿속에서 종종 혼동되기 쉬운 다양한 의도들을 적절한 화법으로 구사할 수 있을 것이다. 앞으로 우리가 전략을 세워야 할 방향은 자존감의 세 가지 축을 탄탄하게 고정시키고 이를 통해 아이가 고유의 빛깔과 정체성을 드러낼 수 있도록 하는 데에 있다.

자존감의 문제를 전적으로 우연의 상황에 맡겨두기보다는 체스를 두는 것처럼 접근하는 건 어떨까? 사전에 미리 머릿속에 다음 수를 생각해보는 것이다. 우리는 장시간이 소요될 게임을 하고 있다는 점을 명심하자. 그러니 언제든 생각할 시간은 주어진다. 경기에 임하여 묘안을 찾아낼 시간, 즉 우리의 메시지를 전달하기 위한 적절한 시기와 수단을 찾아낼 시간은 얼마든지 있다. 목적을 분명히 하고, 아이의 정체성과 자존감에 직접적으로 관련된 말과 행동을 사전에 미리 계획하자. 그리하면 적절한 기회를 포착하여 아이의 자존감 향상을 도모할 수 있을 것이다.

이 책에서 제안하는 '자존감 십계명'의 목적은 할 말을 미리 준비해두었다가 때가 되면 내뱉는 데에 있는 게 아니라 아이에 대해 자신이 갖고 있는 의도를 전달하기 위한 자기만의 방식을 찾는 데에 있다. 그러나 이 십계명은 그저 방향을 알려주기 위한 하나의 예시일 뿐이다. 나는 그저 판을 벌려놓고 싶었을 뿐, 그 안에서 게임을 하는 것은 부모의 몫이다. 그러니 자녀를 스스로에게 만족하는 아이로 만들고, 이로써 어엿한 어른으로 성장시키는 방법에 대해서는 각자 고민해볼 부분이다.

첫째,
스스로의 이야기를 써라

　"네 인생에서는 너만의 이야기를 써나가야 하는 거야. 너는
내 분신이 아니야. 나의 연장선상에 네가 있는 게 아니라고. 너는
이 세상에 단 하나밖에 없는 유일한 존재야. 네게는 네 나름의
방식으로 살아가고 네 자신의 이야기로 채워가야 할 삶이 있어.
네가 태어난 환경이나 현재의 상황이 그리 중요한 게 아니야. 이
세상에 태어난 네가 해야 할 일은 바로 오롯이 네 삶을 살아가는
것이지. 네가 태어난 이유도 장차 특별한 사람이 되어 우리가 속해
있는 인류에 나름의 방식으로 기여하기 위해서고. 아무리 바보
같은 짓을 일삼고 엉뚱한 생각을 하더라도 한 가지만 기억해줄래?
삶에 대해 네가 해야 할 유일한 과제는 너만의 인생 시나리오를

써나가면서 네가 다른 사람들에게 해줄 수 있는 것들을 찾아보는 일이란다. 그렇게 복잡한 일이 아니야. 그리고 이것 말고 다른 것들은 네 삶과 그다지 관련이 없어."

이 말에서 분명히 드러나는 부모의 의도는 바로 '너는 이 세상에서 둘도 없는 존재이니 네 자신의 삶을 가꿔나가라.'는 것이다. 이 말을 듣고 청자인 아이가 의식적으로 받아들이게 되는 메시지도 이와 같다.

화자로서 부모가 전략적으로 주안점을 둬야 하는 부분은 아이가 '나도 세상에서 꽤 쓸모 있는 존재야. 내가 있어야 할 자리는 바로 여기야.' 하는 결론을 이끌어내고 확신을 가지게 하는 것이다. 이로써 여러 가지 고민 지점과 대응 전략을 찾아볼 수 있으며, 이는 아이의 인생에 영향을 미치게 된다.

나의 인생과 아이의 인생을 혼동하면 우리는 세공사가 아닌 조각가처럼 행동할 수 있다. 곰곰이 생각해보면 사실 내가 이루지 못했던 꿈을 아이를 통해 이루려 했던 적이 전혀 없지는 않을 것이다. 내가 해보지 못했던 일을 하는 멋진 주인공이 되기를 바랐을지 모른다. 하지만 우리는 아이가 스스로 인생을 살아갈 수 있게 놓아주어야 한다. 아이를 통해 내 욕심을 채우려 해서는 안 되며, 아이가 비록 우리의 가치 체계를 그대로 물려받더라도, 우리의 바람이나 욕구, 우리에게 부족한 점이나 우리가 짊어진 짐들까지도 아이에게 전가해서는 안 된다.

우리가 살아가는 목적은 스스로의 삶을 살면서 자기만의 인생 시나리오를 써나가는 데에 있다. 아이에게도 이러한 점을 일깨워주고, 주기적으로 유념하도록 해줘야 한다. 가급적이면 하루라도 빨리 우리는 아이의 삶과 부모의 삶을 구분할 필요가 있다. 서로의 삶을 별개로 의식하면서 이러한 혼동이 이뤄지지 않도록 해야 한다.

"네가 태어난 환경이나 현재의 상황이 그리 중요한 게 아니야."라는 말은 인과관계의 추론을 무너뜨리는 데에 도움이 된다. 그 누군가에 대한 죄책감이나 모든 의무감에서 탈피하여 이 같은 사고를 하게끔 유도하면 아이는 어떤 계산이나 장애물 없이 깊이 있는 고민을 할 수 있다. 또한 이를 바탕으로 자신이 상상하는 대로, 환경이나 주변 상황을 따지지 않고 자유롭게 꿈을 꿀 수 있다.

집안에 무언가 문제가 생기면 아이도 그것을 느낀다. 경제적 상황이 나빠진다든가 부부 사이에 불화가 생긴다든가, 건강 혹은 직장과 관련한 문제가 생겼을 때, 이러한 문제들로부터 제아무리 아이들을 지키려 애를 써도 아이들은 피부로 이미 느끼고 있다.

대개의 경우, 아이들은 지나치게 모범적인 나머지 스스로 자신의 꿈을 자제하는 모습을 보이는데, 자신의 꿈이 부모에게 별 도움이 안 된다고 생각해서 그럴 수도 있고, 반대로 반발심에 자신의 상상력에 제동을 거는 것일 수도 있다. 자신이 정말로 원하는 것을 찾으려 하지 않은 채, 그저 반발심에서만 행동하는 것이다. 주변 환경과 무관하게 자기만의 인생 시나리오를 써나가게 해주면 아이는 자신이 그리는 인생의 주역을 염두에 두면서 정말로 자기가 바라는 게 무엇인지 찾아나갈 수 있다. 아이가 일단 자신이 진정 원하는 것을 찾고 나면 이제 남은 일은 이를 보다 구체적으로 현실화하는 것이다.

이 같은 진의를 담은 말을 통해 부모는 아이가 가정의 이런저런 일들에 매이지 않고 막연하지만 상당히 진취적인 인생을 계획해 나가게 해줄 수 있다. 이로써 아이가 환경의 굴레에서 벗어나는 것이다.

"네가 해야 할 유일한 과제는 바로 네 자신의 인생을 써나가는 것이란다. 그리고 네가 다른 사람에게 해줄 수 있는 일이 무엇인지를 찾는 거야."

자신이 쓸모없는 존재라고 느낀다면, 그 누구도 기쁨과 행복을 느낄 수 없다. 부모는 아이에게 이 세상에 태어난 의미를 부여해주는 존재다. 아이에게 자신이 세상에 필요한 존재라는 강한 확신을 심어주고, 이로써 올바른 자존감을 구축하도록 이끌어주는 사람인 것이다.

아이를 키우다 보면 간혹 부모도 실수라는 것을 하고, 자신의 말과 모순되는 행동을 할 때가 있다. 이 세상에 완벽한 부모는 없기 때문이다. 부모나 학교, 사회가 일관되지 못한 모습을 보여준다고 하더라도, 자신에게 나름의 인생이 있고 또 자신의 존재의 이유에 대해서도 확신을 갖고 있는 아이라면 미래를 위해 무엇을 기준으로 삼고 살아가야 하는지 알고 있을 것이다. 그리고 이러한 방향과 어긋나는 말과 행동으로 인해 쉽게 흔들리지도 않을 것이다.

어른들은 아이들에게 이런 부분을 분명히 말해주지 않는다. 그러나 아이는 한 가정에만 속한 존재가 아니라 전 인류의 일원으로서, 누군가의 아들이나 딸 정도에만 국한되지 않는다. 일찍이 모든 사람들이 인간이라는 동일한 종족에 속해 있다는 사실을 깨닫고 나면, 아이가 인종이나 소수자에 대한 차별 논리에 빠져들 가능성은 별로 없다.

아이가 너무 어려서 부모가 하는 복잡한 말들을 다 이해하지 못하면 어쩌나 하는 걱정도 내려놓기를 바란다. 아이들은 본능적으로 이해한다. 부모가 자신이 하는 말의 정당성을 진심으로 확신한다면 말이다.

<u>요점</u> 부모의 인생과 아이의 인생을 떨어뜨려 생각해야 한다.

둘째,
자신의 가치를 깎아내리지 마라

"주저하지 말고 과감히 시도해봐. 어떤 결과가 나오더라도 나는 결코 실망하지 않아. 너에 대한 내 애정과 감정을 혼동하지 말도록 해. 네가 중요한 시험에 떨어지면 나는 물론 슬퍼할 거야. 그러나 내가 슬퍼한다고 해서 네게 실망을 한 건 아니야. 그 어떤 경우라도 내가 너에게 실망할 일은 없어. 네가 옳지 못한 행동을 하거나 위험한 상황에서 겁을 먹고 있다면 분노가 치밀 수도 있겠지. 네 생각이 언제나 나와 같은 것도 아니라서, 내가 별로 좋아하지 않는 행동을 네가 하고 다니면 나는 아마 놀랄 수도, 혹은 언짢을 수도 있을 거야. 하지만 네가 잘못 알고 있는 게 있어. 내가 바라는 건 네가 스스로 생각하며 너만의 경험을 쌓아가는 거야. 설령 네 선택이 내 마음에 들지 않더라도 나는 네가 스스로의 판단에 따라 생각하고 살아갔으면 좋겠어. 간혹 상황에 따라서는 내가 언짢게 느낄 수도 있지만 '너의 행동이 네 존재 자체는 아니라는 사실'을 나는 잘 알고 있어. 나는 존재 그 자체로 너를 사랑해. 그리고 너는 네가 한 경험들 전부를 합쳐놓은 것보다 훨씬 더 큰 존재란다."

여기에서 분명히 드러나는 부모의 의도는 바로 '너는 있는 그대로의 네 모습으로서 사랑받는 것이지, 네가 무언가를 해서 사랑받는 것은 아니다.'라는 점이다. 이 말에서 청자인 아이가 의식적으로 받아들이게 되는 메시지도 바로 이와 같다.

화자로서 부모가 전략적으로 주안점을 두어야 하는 부분은 아이가 '무슨 일이 일어나든 부모님은 나를 영원히 사랑하실 거야. 부모님이 나를 사랑하지 않게 되는 일은 없어. 나는 어떠한 상황에서도 사랑받는 존재고, 주변 상황 같은 건 별로 중요하지 않아.'라는 결론을 스스로 이끌어내고 확신을 가지게 하는 것이다. 이로써 우리는 인간의 내재적 가치에 해당하는 '자기애'를 단련시킬 수 있다.

앞에서 예시로 보여준 말 뒤에 숨은 부모의 의도는 무엇이며,

이를 통해서는 어떤 메시지가 전달될까? 여기에서 관건은 아이들이 스스로 짊어진 강박관념을 풀어주는 데에 있다. 물론 상대를 실망시키지 않으려 하는 마음은 좋지만, 그러자면 어느 정도의 집요함이 요구되고, 아이 스스로 자신을 뛰어넘으려는 노력이 필요하다.

문제는 자기가 추구하는 목표와 자신의 '존재'를 혼동해서는 안 된다는 것이다. 원하는 만큼의 결과가 나오지 않는다면 스스로의 가치를 문제삼으려 할 것이기 때문이다. 아이들은 부모를 떠올리면서 서로 다른 개념들을 한데 뒤섞는 경향이 있다. '내가 잘하지 못하면 부모님을 실망시키게 될 거야.'라는 식으로 생각해버리는 것이다. 그러나 부모는 언뜻 실망한 것처럼 보일 수도 있겠지만 자식 때문에 실망하지는 않는다.

부모 역시 일시적인 감정과 내면 깊숙한 곳에서 우러나오는 느낌을 구분해야 한다. 가령 분노와 두려움, 슬픔, 놀라움, 불쾌함 등은 잠깐 왔다가 사라지는 일차적인 감정이다. 반면 실망감은 이차적인 감정으로, 슬픔과 이해 부족의 상태가 혼재되어 있다. 실망이란 늘 주변 상황과 연계된다.

따라서 우리가 아이의 존재 자체에 대해 느끼는 마음속 깊은 감정을 순간적인 상황이나 일시적인 맥락, 그때그때의 아이 행동에 따른 기분과 혼동해서는 안 된다.

신경언어 치료의 기본 원칙은 '나의 행동이 곧 나를 결정짓지 않는다'는 점이다. 즉, 우리가 비록 어느 한순간 바르지 못한 말과 행동을 하더라도 우리의 참된 본모습을 이로 미루어 짐작할 수는 없다는 말이다. 일찍이 이러한 원칙을 터득한 아이라면 단정적인 판단으로 자기애를 무너뜨리지 않으면서 감정과 경험에 속하는 부분을 구분할 수 있을 것이다.

그렇다고 아이의 선택이나 행동에 대한 나의 부정적인 인식을 부인하라는 말은 아니다. 아이가 선택한 것에 대한 주관적인 가치 판단은 그대로 하더라도 자신의 일시적인 감정에 해당하는 부분을 명확히 구분하라는 것이다. 아이 때문에 슬픔이나 분노의 감정을 느낄 때에는 아이에게도 그 사실을 알려주되, 더불어 그 같은 감정이 일시적인 기분에 지나지 않는다는 사실을 함께 말해주어야 한다.

아이는 자기 존재의 의미를 잃지 않고 간직해야 한다. 스스로 존재의 의미를 잃지 않을 때, 아이는 계속해서 자기 자신을 뛰어넘으려는 노력을 이어갈 수 있다. 부정적인 감정에 빠지는 것도, 인생에서 실패를 겪는 것도 모두 한때의 일이다. 이는 아이에게나 부모에게나 크게 다르지 않으므로 아이에게도 이 점을 일깨워줄 필요가 있다.

요점 일시적으로 지나가는 부모의 기분과 아이의 존재 자체에 느끼는
마음속 깊은 감정을 혼동하지 말자.

셋째,
실패를 두려워하지 마라

"실패하면 실패하는 대로 배울 점이 생길 거야. 사람은 누구나 다 실수도 하고, 실패도 하는 법이야. 그건 나도 그랬고, 너도 그럴 거야. 다들 그렇게 실수도 하고 실패도 하면서 삶의 교훈을 터득하지. 이것은 진화의 법칙이기도 해. 그러니 실수나 실패에 대한 두려움을 가질 필요는 없어. 최악의 상황은 바로 틀릴까 봐 두려워서 아무것도 하지 않는 것이지. 나는 네가 틀린 길로 가더라도 가만히 두고 지켜볼 거야. 그래야 네가 스스로 경험을 쌓고 그 안에서 깨달음을 얻을 테니까. 실패는 성장하고 발전하기 위한 유일한 방법이란다. 나는 네가 여러 가지 경험으로부터 배워나가리라 믿어 의심치 않아. 그 경험이 좋은 것이든 나쁜 것이든 말이지."

　여기에서 분명히 드러나는 부모의 의도는 바로 '과감히 네가
하고 싶은 일을 하라'는 것이다. 이 말을 듣고 아이가 의식적으로
받아들이게 되는 메시지도 이와 같다.
　화자로서 부모가 전략적으로 주안점을 두어야 하는 부분은
아이가 '부모님은 날 믿고 계셔.'라고 스스로 결론을 이끌어내고
확신을 갖게 해주는 것이다. 이로써 부모는 아이의 자신감을
키워주는 한편 무조건적인 부모의 사랑을 확인시켜줄 수 있다.

　여기에서 부모의 의도는 무엇이며, 이를 통해서는 어떤
메시지가 전달될까? 이 세 번째 계율은 가장 간단하면서도 많이
알려진 내용이다. 어른인 우리야 실패가 곧 배움의 일부라는
사실을 알지만, 아이들은 아직 어려서 이러한 삶의 원칙이 분명히
와 닿지 않는다. 아이들에게는 부모를 실망시키지 않으려는
마음이 더 크기 때문이다.
　부모 역시 실수한 적이 있다는 점을 아이 앞에서 인정하더라도
부모의 권위가 깎이지는 않으며, 외려 그 반대라고 할 수 있다.
한 번의 실패로 인생이 무너지지 않는다는 것을 몸소 보여주는
산증인이 바로 부모이기 때문이다. 아이에게 있어 부모는

스스로의 말을 그대로 입증해주는 실체가 된다. 다만 주의해야 할 점은 지나치리만큼 자신의 허물을 늘어놓지는 말아야 한다는 것이다. 특히 부모의 자존감이 낮은 경우라면 이는 상당한 역효과를 불러올 수 있다. 따라서 지나치게 자기의 허물을 드러내지 않는 몇 가지 이야기면 충분하다. 이러한 경험에서 자신이 배운 교훈을 아이와 함께 공유하도록 하자.

　자녀의 나이가 몇 살이든 부모는 잡은 손을 놓은 채 믿고 기다려야 하는 순간이 온다. 아이가 혼자 힘으로 맨 처음 식사를 할 때가 될 수도 있고, 인솔자 없이 기차에 혼자 올라타야 하는 상황이 될 수도 있다. 그런 순간이 오면 우리는 아이가 새로운 시도를 할 수 있게 기다려야 한다. 아이가 틀릴 것을 알면서도 경험을 쌓아가도록 지켜보는 것이다.

　일반적으로 부모가 아이에게 가르치는 규범들은 삶의 여러 단계에서 마주치는 문제들에 대한 해결 능력을 기르도록 도와준다. 맨 처음 아이 혼자 밥을 먹기 시작하는 단계에서는 일반 식기가 아닌 보조 식기를 사용하여 아이가 혼자서도 쉽게 밥을 먹을 수 있게 한다. 서양의 경우, 아이의 손에 무작정 나이프를 쥐여 주지 않고 일단 나이프 사용법을 숙지시킨 뒤 칼날이 무딘 유아용 나이프를 사용하게 하여 안전사고를 예방한다. 또한 잘못하면 손을 베일 수 있다고 주의사항을 일러주는 것도 빼먹지 않는다. 아이를 혼자 기차에 태워 여행을 보낼 때도 마찬가지다. 아이에게 기차에 타고 내리는 등의 기차 이용 방법을 가르쳐주는 한편, 여행 중 조심해야 할 위험 요소 등을 알려주는 것이다. 매 순간의 대응 방식을 충분히 아이에게 교육한 상태이므로 일단은 자신의 교육 방식에 자부심을 가져도 좋다. 이제 남은 일은 아이 스스로의 판단 능력을 믿어보는 것이다.

실패한 경험이 있는 부모라면 도리어 지레 겁을 먹고 접근할 수도 있다. 내 아이만큼은 나와 같은 상황을 겪지 않도록, 그리하여 아이가 좌절을 겪지 않게 하려는 것이다. 물론 이러한 생각이 나쁜 것은 아니다. 다만 문제는 이 경우 부모가 아이의 인생과 자신의 인생을 혼동하고 있다는 점이다. 오늘날 대부분의 부모 세대는 실수로부터 가르침을 얻는 게 아니라 실수를 하면 자책 먼저 하는 게 일반적이었다. 그러니 아이가 실수를 두려워하지 않게 만들겠다는 부모의 목적의식만 확실하다면 아이는 나쁜 경험이나 쓰라린 경험을 포함한 자신의 모든 경험을 바탕으로 크게 도약할 수 있다. 이렇게 되면 아이의 인생은 180도 달라진다. 기존과는 완전히 다른 인생 시나리오를 써나가게 되는 것이다.

실수나 실패를 배움의 기회로 받아들이면 아이를 똑똑하고

당신이 가슴으로 품은 뒤
그 마음에 대고 이야기를 해줘야 할
아이가 늘 한 명씩은 있을 것이다.

능력 있는 아이로 만들어 즉각적인 성과를 낼 수 있게 하겠다는 생각에서 멀어질 수 있다. 아이가 여러 가지 시도를 해보고 과감히 도전하는 모습을 곁에서 지켜봐줄 수 있기 때문이다. 이러한 부모의 응원을 바탕으로 아이는 스스로 안전하다고 생각하는 범위를 넘어서까지 모험을 감행해나갈 것이다.

아이를 지나치게 끼고 돌면서 어떤 시도를 해보려는 것을 막거나, 아이가 만들어낸 결과물을 부정하고 나서면 이는 곧 아이에게 성공할 만한 능력이 없다고 여기는 것이나 마찬가지다. 자신의 아이는 실패를 극복하고 다시 일어설 재량이 안 된다는 사실을 본인 스스로 입증하는 셈이 된다. 이럴 경우, 부모 입장에서 걱정과 불안감이 줄어든다는 이점이 있지만 아이의 자존감을 은근히 떨어뜨릴 수 있으며, 장기적으로도 아이의 자신감을 실추시키고 위축되게 만들 가능성이 높다.

반면, 아이에게 실패를 통해서도 배울 수 있다고 말해줄 경우, 이는 실험과 실패를 통한 학습의 가능성을 인정하는 셈이 된다. 예를 들어, 아이가 자전거를 배울 때 제아무리 우리의 경험과 노하우를 나눠준다고 하더라도 아이가 불안함을 느낀다면 아무 소용이 없다. 그러다 자전거에서 넘어지기라도 하면 아이는 더 이상 자전거 타는 법을 배울 수 없게 된다. 이는 자전거 타기가 아니더라도 인생의 모든 경험에 적용되는 원칙이다.

아이를 믿고, 아이에게 경험을 통해 배워야 한다는 사실을 깨우쳐준다면, 이는 아이에게 부모의 조건 없는 사랑을 직접적으로 느끼게 해주는 것과 같다. 믿음보다 더 훌륭한 사랑의 증거는 없다.

다만 주의할 점은 아이가 혼자 시행착오를 거치는 과정을 곁에서 지켜보라는 것이 아이의 힘으로 해낼 수 없는 일까지 모두 맡기라는 뜻은 아니다. 자신의 교육관 속에서 스스로 정한 가치나 행동 규칙에 근거하여 아이의 나이에 맞게 적절한 수준으로 조절할 필요가 있다. 아이의 성장에서 중요한 것은 규칙과 한계선을 설정하는 것이다.

요점 마음이 놓이지 않아도 아이를 굳건히 믿고 아이의 도전과 모험을 지켜봐주어야 한다.

넷째,
무엇을 원하는지 말로 표현하라

"텔레파시 같은 건 통하지 않아. 정확히 네 생각을 표현해야 상대가 네 마음을 알 수 있어. 네가 내 머릿속을 읽을 수 없는 것처럼 나도 네 머릿속을 읽을 수 없어. 그러니 네가 느끼는 걸 표현하고 알려줘야 해. 네가 무언가를 원한다면 다른 사람이 신기하게도 우연히 이를 알게 되길 바라지 마. 네가 무언가 답을 구하고자 한다면 먼저 질문을 해야 하고, 누군가를 마음에 담았다면 그 사람에게 고백을 해야 하지. 어딘가 불편함을 느낄 때도 상대에게 말을 해야 그 사람이 네 마음을 알 수가 있어. 부모인 나를 포함하여 그 누구도 너의 속에 있는 진심을 저절로 눈치채지 못해. 그러니 네 마음을 직접 표현하렴. 그것만이 네가 원하는 것을 얻는 유일한 길이란다."

여기에서 분명히 드러나는 부모의 의도는 바로 '네가 필요로 하는 것을 충족시키고 싶다면 네가 무엇을 원하는지 표현하라.'는 것이다. 이 말을 듣고 아이가 의식적으로 받아들이게 되는 메시지도 이와 같다.

화자로서 부모가 주목해야 하는 부분은 아이가 스스로 '사람이 무언가를 필요로 하는 건 당연하고 정당한 일이야.'라는 결론을 이끌어내고 확신을 갖게 해주는 것이다. 이로써 정체성의 차원에서 '자아 인식'에 영향을 미치게 되며, 이를 통해 아이는 자신이 진정으로 원하는 것과 자기만의 특성을 파악해나갈 수 있다.

여기에 숨은 부모의 의도는 무엇이며, 이를 통해서는 어떤 메시지가 전달될까? 상대의 뜻을 잘못 이해하거나 암시적 혹은 암묵적인 대화만을 지속하여 상대의 의중을 잘못 파악하는 경우가 있다. 이 때문에 관계가 파국으로 치닫기도 하고, 가정 내에서는 잠재적 갈등의 소지가 높아지기도 한다. 원인은 기본적인 소통의 부재에 있다. 서로 간에 명확한 표현 없이 그저 상대가 다 이해했을 거라 믿어버리는 것이다. 이는 가족 관계만이 아니라

연인이나 부부, 직장 동료와의 관계도 해당된다.

따라서 적극적인 의사 표현을 통해 메시지가 왜곡되는 요인 일체를 피해야 한다. 타인과의 관계에서 말은 매우 중요한 자리를 차지하는데, 우리의 해석이나 정서 상태에 따라 선택하는 어휘가 크게 달라지기 때문이다. 가령 젊은 여성에게 외모에 대한 칭찬을 하려는 목적으로 "너, 못생기지 않았어."라는 표현과 "넌 정말 예뻐."라는 표현을 사용할 때 반응이 현저히 다름을 알 수 있다.

타인과의 원활한 의사소통을 위해서는 표현의 필요성을 인지하고, 그 내용에 대해서도 구체적으로 전해야 한다. 목소리에 떨림이나 노여움을 더하는 방식으로 나름의 감정 전달이 이뤄지기도 하나, 제대로 된 메시지를 전하기 위해서는 정확한 말보다 더 좋은 게 없다. 가령 식사 시간에 아이들을 식탁으로 부를 때 화를 내면서 "빨리 와!"라고 무작정 세 번 반복해서 소리를 지르기보다는 '비폭력'적인 방식으로 소통을 하는 것이 더 낫다. 또 같은 말을 짜증스레 세 번 반복하는 것보다 "식사 준비 다 됐으니 얼른 식탁으로 와.", "지금 당장 안 오면 정말 화낼 거야.", "몇 번을 얘기해야 알아듣니? 폭발하기 일보 직전이니까 얼른 와!"라고 세 차례 이야기하는 편이 명확한 메시지를 전달하기 위해서는 더 바람직하다.

두 가지 화법에는 무슨 차이가 있을까? 먼저 첫 번째의 경우,

아이들은 부모가 히스테리를 부리며 화만 낸다고 생각한다.
반면 두 번째 경우에는 아이가 현재 부모의 감정 상태를 정확히
파악할 수 있으며, 부모의 언짢은 심경을 충분히 이해할 수 있다.
이에 따라 아이의 공감 능력이 발달되며, 타인에 대한 이해력도
높아진다. 부모와 마찬가지로 아이 역시 텔레파시 능력이
없으므로 자세히 말해주지 않으면 아이는 부모가 식탁에서 자신을
기다리는 동안 얼마나 화가 났는지 알 길이 없다. 부모가 속을
태우고 있는 동안 아이는 다른 감정 상태에 있기 때문이다. 따라서
제대로 된 메시지 전달을 위해서는 자신이 필요로 하는 것을
분명히 짚어주어야 한다. 그래야 상대가 이해해주길 바라는 내용
그대로 상대에게 전달이 되는 것이다.

부모가 실제로 느끼고 있는 부분을 (그렇다고 내면적인 부분까지
시시콜콜 밝히는 게 아니라 아이와 상관 있는 부분에 대해서만)
아이에게 전달하는 소통 방식을 택하면 아이도 진솔하게 소통하는
법을 배울 수 있다. 부모가 진솔하게 소통하는 모습을 보면서
아이 역시 스스로 원하는 것이 무엇인지 생각한 뒤 자신이 느끼고
생각한 바를 말로 표현할 수 있는 것이다.

사람들은 대부분 부끄러운 마음에, 혹은 솔직하지 못하거나
아니면 미움받는 것에 대한 두려움 때문에 자신의 의도나 정서를

제대로 표현하지 않는 경향이 있다. 하지만 자신이 바라는 바를 표현하는 것은 단순한 소통 차원의 문제가 아니다. 사랑받고자 하는 마음, 혹은 미움받지 않기를 바라는 마음과 연관되어 있기 때문이다. 아이 못지않게 부모 역시 자녀의 사랑을 얻고 싶고, 나아가 아이와 친구가 되길 희망한다. 아이 또한 당연히 부모를 사랑한다. 잠깐의 기분 탓으로 잠시 부모를 멀리할 수는 있어도 진심으로 부모를 저버릴 자식은 없다. 만약 이러한 부분 때문에 불안해하며 자녀에게 해야 할 말을 제대로 전하지 못하고 있다면 그건 자기 자식, 나아가 자기 자신을 믿지 못해 그런 것이다.

두려움과 불안에 사로잡히면 스스로의 진심을 보이기가 힘들다. 이렇게 되면 자신의 자존감이 무너지는 것은 물론이요, 아이의 올바른 자존감 구축에도 장애가 된다. 아이가 부모로부터 감정 표현의 두려움을 학습하게 될 경우, 아이는 자신이 느끼는 감정이나 생각이 잘못된 것이라고 판단할 수 있게 된다.

앞의 경우들과 마찬가지로 여기에서도 자기 안의 모든 이야기들을 아이에게 시시콜콜 전할 필요는 없다. 직장 상사와의 갈등이나 세금 처리 문제 같은 것까지 아이에게 말할 필요는 없지 않겠는가. 여기에서 아이와 진솔한 소통을 하라는 것은 가족과 관계된 것을 말하는 것이다.

아이와 친해지고 싶다고 해서 아이에게 해야 할 말을 하지 못하는 것은 말이 되지 않는다. 자식은 부모와 친구가 아니며, 부모의 친구가 되기 위해 태어난 것도 아니다. 자식과 친구가 되려면 어느 정도 솔직하고 긴밀한 관계가 요구되는데, 이는 아이를 가르칠 때 필요한 부모의 권위와는 부합되지 않는다. 훗날 아이가 장성하여 부모의 울타리에서 벗어나면 부모 자식 간에 친구 같은 관계가 유지될 수도 있지만, 그래도 자식의 나이가 어느 정도가 됐든 부모는 부모지 자식과 친구가 될 수는 없다.

자식과의 진솔한 대화는 상대가 입을 열지 않을 경우 답이 나오지 않는 맹점이 있다. 즉, 아이가 솔직한 마음을 담아 입을 열지 않으면 그 속을 알 수가 없는 것이다. 그러면 부모는 모든 게 순조롭게 돌아간다고 착각할 수 있다. 자신의 교육 방식에 어떤 문제가 있는지 알 수도 없다. 따라서 아이에게 진심으로 다가가기 위해서는 더 많은 시간을 들여 대화를 하고 더 많은 고민과 자기 분석을 해야 한다. 게다가 하나하나의 사례별로 다르게 다루어야 하는데, 형제가 많은 집이라면 이는 쉽지 않을 수도 있다. 그래도 진심 어린 소통은 아이와의 관계를 굉장히 단순하게 한다는 이점이 있다. 특히 청소년기의 자녀를 둔 집이라면 사는 게 한결 수월해질 수 있다. 아이와 복잡하게 얽힐 일이 없기 때문이다. 문제가 생기면 서로 조절하여 해결하면 되고, 골치 아픈 상황이나

괜히 부딪히는 일도 피할 수 있다. 가족끼리 상호 존중하는
분위기가 형성되는 것이다.

　이 네 번째 계율에 대한 내용만으로도 나는 책 한 권을 쓸 수
있을 것 같지만, 어쨌든 이와 관련하여 유념해야 할 점은 부모가
필요로 하는 것을 솔직하고 정확하게 이야기할수록, 아이 역시
자신이 필요한 것을 솔직히 표현할 수 있다는 점이다. 아이는 이를
바탕으로 장차 자기만의 항로를 찾아나갈 것이다.

　마지막으로 한 가지 더 주목해야 할 점은 아이가 자신의
순간적인 기분과 가슴속 깊이 느끼는 정서를 분리하는 일에 다소
서툴다는 점이다. 순간적인 감정에 사로잡혀 한 말을 곧이곧대로
들어서는 안 된다. 아이가 잠시 이성을 잃고 부모를 원망하는
듯한 행동을 할 수는 있지만, 그건 한순간의 기분일 뿐, 그렇다고
아이가 부모를 사랑하지 않는 것은 아니다. 감정은 시간이 지나면
가라앉기 마련이고, 무언가의 요구를 표현하는 수단이다. 아이의
모든 요구를 그 자리에서 다 들어줄 필요는 없다. 신기하고 재미난
물건이 가득한 시장에서 우리가 아무것도 사지 않고 가게 앞을
지나는 인내심을 갖지 못한다면 어떤 일이 생기겠는가. 부모는
아이의 요구 가운데 정당한 것만 선별해서 들어주어야 한다.
아이 스스로 자신의 감정과 충동을 다스리는 법을 터득하게

해주어야 하는 것이다. 부모 입장에서는 아이의 일시적인 기분에 흔들리기보다는 보다 지속적인 감정을 눈여겨봐야 한다. 아울러 나의 감정과 아이의 감정을 서로 혼동해서는 안 되며, 눈앞의 즉각적인 이득보다 장기적인 관점에서 아이에게 유익한 게 무엇일지 생각해야 한다.

자신의 생각을 솔직히 전달할 때 머릿속에 떠오르는 모든 것, 혹은 자신이 느끼는 모든 것을 다 얘기하면 안 된다. 진솔한 의사소통의 목적은 중요한 사안에 관한 자신의 뜻이 왜곡되지 않고 상대에게 온전히 전달되게 하는 데에 있다.

요점 아이를 사랑하려고 지나치게 노력하지 마라. 그저 아이가 어떻게 느끼는지, 내가 어떻게 느끼는지 자연스럽게 표현하면 된다.

다섯째,
모든 것이 변한다는 것을 인정하라

"늘 똑같은 건 아무것도 없어. 모든 것은 다 변하게 마련이야. 상황은 늘 변하는 법이고, 네 생각이나 마음 역시 그래. 지금은 잘나가던 것도 얼마 후면 흔적도 없이 사라질 수 있어. 하지만 언제나 다른 무언가가 그 자리를 채우기 마련이란다. 자연은 그 무엇도 비어 있는 상태로 두지 않으니까. 앞으로 소중한 무언가를 잃을 수도 있고, 또 그 때문에 슬퍼하게 될지도 몰라. 그래도 항상 그 대신 다른 무언가를 또 얻게 될 것이고, 그로 인해 행복감도 느끼겠지. 지금은 너에게 슬픔으로 다가온 게 어느 순간에는 기쁨으로 바뀔 수도 있어. 앞일은 아무도 모르는 거야. 지금 있는 것들은 계속해서 다른 것들로 대체되고, 영원한 건 아무것도 없어.

세상에는 아름다운 게 너무 많아. 그래서 지금 우리가 행복할
수 있는 것이고. 그러니 과거에 너무 얽매이거나 연연해하지
않았으면 해. 지금 네 앞에 있는 것들과 더불어 현재를 살아가는
거야. 지금의 너도 더 이상 어제의 너는 아니니까. 내일의 너는 또
다른 모습의 네가 될 거야."

　여기에서 분명히 드러나는 부모의 의도는 바로 '변화란 지극히
당연한 일'이라는 것이다. 이 말을 듣고 청자인 아이가 의식적으로
받아들이게 되는 메시지도 같다.
　화자로서 부모가 주안점을 두어야 하는 부분은 아이가 '내게는
언제나 필요한 게 있을 거야.'라는 생각을 하게끔 확신을 심어주는
것이다. 이로써 우리는 환경에 대한 아이의 전반적인 인식과
긍정적 사고를 키워줄 수 있다.

　여기에 숨은 부모의 의도는 무엇이며, 이를 통해서는 어떤
메시지가 전달될까? 변화의 당위성을 내세우는 이 같은 말을
통해 아이는 우리의 마음과 생각이 언제나 같을 수는 없다는
사실을 깨닫는다. 아이들은 누구나 행복이 영원하길 바라거나,
아니면 무언가의 이유로 불행을 겪었을 때 현재 상태가 앞으로
계속될 것이라고 생각하면서 '나는 영원히 불행한 아이야.'라고

결론짓는다. 자녀의 나이가 몇 살이든 가장 간단한 해법은
아이에게 모든 건 계속해서 변한다는 진리를 일깨워주는 것이다.
어린아이에게는 자연과 꽃을 예로 들어 설명할 수 있고, 사춘기에
접어든 아이에게는 앞으로 나타날 신체의 변화를 일러주면 된다.
아이의 생각이나 취향, 선호도도 시간의 흐름에 따라 달라지게
마련이며, 부모 역시 언제나 같을 수는 없다.

　　변화의 법칙은 어른들에게도 마찬가지로 적용되는데, 아이들
입장에서는 이 같은 변화가 불안과 공포의 요소가 될 수도 있다.
심한 경우, 어떤 아이들은 성장 자체를 원하지 않기도 한다. 조수의
변화나 계절의 변화처럼 만물이 변화하는 이치를 아이에게 확실히
이해시켜주면, 앞으로 아이 혼자 머릿속으로 엉뚱한 상상을 하는
일은 없을 것이다.

　　부모는 아이에게 주변 환경에 따라 자신의 마음과 생각이
달라질 뿐 아니라 주변 환경 역시 마음 상태로 인해 달라진다는
점을 가르칠 수 있다. 스스로의 마음 상태가 만물을 보는 시각에
영향을 준다는 사실을 일깨워주는 것이다. 그러면 아이는 하나의
감정이 다른 하나의 감정으로 대체되고, 상황을 전과 다른
각도에서 바라볼 수 있게 된다.

　　앞에서 예시로 보여준 말은 아이에게 시간의 변화뿐만

앞으로 소중한 무언가를 잃을 수도 있고,
또 그 때문에 슬퍼하게 될지도 몰라.
그래도 항상 그 대신에 다른 무언가를 또 얻게 될 것이고,
그로 인해 행복감도 느끼겠지.

아니라 만물의 상대성에 대해서도 짚어준다. 부모는 아이의
성격이나 인성의 방향을 결정할 수는 없어도 아이가 다양한
각도에서 세상을 바라보게 해줄 수는 있다. 부모가 말을 할 때에도
흑백논리가 나타날 때가 많지만, 실제 현실에서는 모든 게 좋다,
나쁘다, 또는 까맣다, 하얗다 두 가지로만 나뉘지는 않는다.
그렇다고 아이에게 음양의 조화를 가르치라는 말은 아니다.
그보다는 만물의 상호보완적 관계를 설명해줄 필요가 있다.

"앞으로 소중한 무언가를 잃을 수도 있고, 또 그 때문에
슬퍼하게 될지도 몰라. 그래도 항상 그 대신에 다른 무언가를 또
얻게 될 것이고, 그로 인해 행복감도 느끼겠지."

아이에게 이렇게 말해보자. 아이의 나이가 몇 살이든, 혹은
아이가 이 말뜻을 이해할 만한 수준의 나이이든 아니든 그건
별로 중요한 게 아니다. 아이는 최소한 여기에서 하나의 가능성을
발견할 것이며, 나중에 때가 되면 그 가능성을 자세히 이해할 수
있을 것이다.

모든 것은 서로 대체될 수 있다는 사실을 알려주면 아이는
세상의 풍요로움에 대해 인지하게 된다. 이에 따라 무의식적으로
새로운 것, 혹은 새로운 기회를 모색하여 잃어버린 부분을
대체하려 할 것이다. 무엇이든 기회를 찾으려는 아이들은 '낙관적'

성향을 보인다. 그에 반해 자신에게 모자란 것, 자신이 잃어버린 것에만 초점을 맞추는 아이는 어른이 되어서도 '비관적'인 성향이 되기 쉽다. 이들의 내면세계는 언제나 만성 기근 상태이며, '세상은 늘 부족하거나 가진 것을 잃거나 둘 중 하나'라는 사고방식이 자리 잡고 있다.

어릴 적 우리의 세계관은 어느 쪽이었을까? 우리 앞에 놓인 세상은 풍요로운 세상이었을까, 아니면 모자라고 부족한 세상이었을까? 자신이 바라보는 세상이 풍족하지 못한 세상이라면 아이에게는 그 궁핍한 세계관을 물려주지 않도록 주의해야 한다.

이 다섯 번째 계율은 아이의 생각을 조용히 성장시켜주는 동력이 된다. 아이에게 넓은 관점으로 모든 걸 바라보는 법을 가르치기 때문이다. 하나의 원인에서 여러 가지 결과가 초래될 가능성과 함께 다양성을 전제하는 이 사고방식은 사람을 낙관적으로 만들어준다. 이런 성격을 가진 사람은 삶에 감사하며 삶이 제공하는 여러 기회들을 한껏 누리며 살아간다. 그에 반해 비관적인 사람들은 모든 것을 단편적으로만 바라보고, 하나의 원인에는 단 하나의 결과밖에 나오지 않는다고 생각한다. 이 때문에 이들의 사고방식에는 상상력이 개입할 여지가 줄어들며, 다소 무모한 시도를 해보려는 의지 따위는 애초부터 그 길이 막혀 있다.

이 다섯 번째 계율을 잘 활용하면 아이를 낙관적인 성향으로 이끌면서 아이 스스로 세상의 시련에 대비할 수 있도록 힘을 길러준다. 아이가 바라보는 세상이 더 풍요로울수록 아이는 삶에 감사를 느끼게 될 것이다.

<u>요점</u> 아이들이 자라는 것을, 변화하는 것을 인정하라. 아이들이 크도록 내버려 두어라.

여섯째,
수단과 목적을 혼동하지 마라

"최종 목적과 거기에 이르는 수단을 혼동하면 안 돼. 살다 보면 이런저런 장애물에 부딪힐 수 있겠지만, 중요한 건 최종 목적지에서 시선을 떼지 않는 거야. 목적지로 가는 도중에는 계속 같은 자리를 맴돌 수도 있고, 길을 돌아갈 수도 있어. 하지만 모든 길은 네가 가고자 했던 그 최종 목적지로 통하게 될 거야. 도중에 새롭게 발견하는 것들에 따라 여행 방식도 달라질 수 있어. 그럴 땐 목적지를 향해 선수를 두고 나아가면서 중간 중간의 상황에 따라 수단을 조정하면 돼."

여기에서 분명히 드러나는 부모의 의도는 바로 '상황에

적응하라'는 것이다. 청자인 아이가 의식적으로 받아들이게 되는 메시지도 이와 같다.

화자로서 부모가 전략적으로 주안점을 두어야 하는 부분은 아이가 '나는 아직 그 무엇도 손에서 내려놓지 않았어. 결국에는 끝까지 갈 거야!'라는 결론을 스스로 이끌어내고 확신을 갖게 해주는 것이다. 이로써 우리는 아이의 운명과 자신감에 영향을 미칠 수 있다.

이 여섯 번째 계율에 숨은 부모의 의도는 무엇이며, 이를 통해서는 어떤 메시지가 전달될까? 여섯 번째 계율은 결심의 문제를 다룬다. 모든 것은 다 변하기 마련이니 도중에 일어나는 일들에 일희일비하지 말고 유연하게 대처하며 스스로의 결심을 끝까지 유지하라는 것이다.

지속적으로 성장하기를 꿈꾼다면 무언가에 도전할 때 외부 환경에 적응할 수 있어야 한다. 모든 것이 원래의 내 계획대로 이뤄지길 바라는 마음은 누구에게나 있다. 기대도 실망도 없이 그저 예정대로 일이 진행되길 바라는 것이다. 아이들도 예외는 아니다. 그러나 모든 일을 계획대로 실행할 수는 없다. 그러니 이 여섯 번째 계율을 활용함으로써 아이가 예기치 못하게 마주친 상황을 견뎌낼 수 있게 대비를 시켜야 한다.

부모가 "네가 좋아하는 것을 중심으로, 그리고 네게 중요한 게 무엇인지 생각하며 네 스스로 삶의 방향을 정해야 해."라고 말하면, 아이는 진로는 자기가 스스로 정하는 것이라는 생각을 갖게 된다. 인생에서 자신이 할 일을 직접 찾는 것이 선택이 아닌 당연한 임무라는 사실을 인지시켜주면서 진로 모색에 대한 의지를 불어넣는 것이다.

그림 동화와 같은 옛이야기들도 아이들에게 삶이란 곧 시련의 연속이라는 것을 일깨워준다. (디즈니 판으로 각색된 경우는 이야기가 좀 다르다.) 따라서 부모가 할 일은 아이에게 살면서 겪을 역경들을 극복하고 목적지를 향해 나아가도록 단호한 결심을 심어주는 것이다. 아이가 고집을 부려도 받아주라는 게 아니다. 아이 스스로 꾸준한 인내심을 갖고 자신의 목표를 향해 나아갈 수 있게 도와주라는 말이다.

적응은 진화의 기본적인 속성이다. 상황에 따라 다르게 생각하고 행동하며 주변 환경과 조화를 이룰 수 있다면 아이는 분명 성공을 거두게 될 것이다.

다만 결심이 제대로 서지 않았다면 상황에 대한 적응력이 뛰어나더라도 성공을 하기가 힘들다. 물론 마음을 굳게 정하지 않았더라도 삶의 환경에 적응하며 살아가는 것은 얼마든지

가능하다. 하지만 원대한 결심을 세우고 삶의 여러 상황에
적응해나갈 수 있다면 보다 성공한 삶을 살아갈 수 있다. 자신에게
주어진 인생이 소중한 과업이라는 사실을 아이에게 알려주어야
하는 이유도 여기에 있다. 성공한 사람들, 혹은 열정적으로 자기
일을 하는 사람들은 모두 원하는 바를 실현하고자 굳건한 결심을
세웠다는 공통점이 있다. 성공한 사람에게는 늘 단호한 결심의
순간이 있었다. 아울러 상황에 따라 수단을 달리하는 적응력 또한
갖고 있었다.

요점 쉽게 가려고 하지도 말고, 눈앞의 이득에 무너지지도 말자. 쉽고 편하게
가는 길이 자신이 목표로 한 방향과 부합하지 않는다면 말이다.

일곱째,
완벽해지려고 하지 마라

"신이 아닌 한 인간은 절대 완벽할 수 없어. 나처럼 평범한 인간이면 되는 거야. 너에게 이 말을 할 생각은 평생 못 했을지도 몰라. 아니, 어쩌면 반대로 이야기했을 수도 있겠지. 완벽해지기 위해 노력하라고 말이야. 그러나 때에 따라서는 너도 얼마든지 포기하고 뒤로 물러설 수 있어. 실수로부터 능력이 생기고, 능력으로부터 실수가 생기기도 하는 법이니까. 그러니 네 자신을 함부로 대하지는 마. 너는 모두의 마음을 얻기 위해 이 세상에 태어난 게 아니라 네가 해야 할, 그리고 너만이 할 수 있는 일을 하기 위해 세상에 태어난 거야. 필요할 때는 다른 사람에게 손을 내밀어도 괜찮아. 남에게 도움을 요청할 줄 안다는 건 현명한 사람이라는 뜻이지. 너는 너만의 감정과 느낌을 가진 한 사람의 인간이야. 장차 자기만의 색깔을 가진 어른으로 성장하게 될 아이지. 그리고 네가 재미있게 즐기면서 배우고 성공시키는 것들은 네가 들인 노력만큼의 가치가 있어. 나는 네가 적어도 하루 10분씩은 너만을 위한 시간을 가지면서 진지하게 고민도 해보고, 한없이 방황도 해보고, 너만의 꿈을 꾸었으면 좋겠어."

여기에서 분명히 드러나는 부모의 의도는 바로 '너에겐 여러 가지 권리가 있다.'라는 것이다. 이야기를 듣는 아이가 의식적으로 받아들이게 되는 메시지도 이와 같다.

화자로서 부모가 전략적으로 주안점을 두어야 하는 부분은 아이가 '나도 내 말에 귀를 기울여야 해!'라는 결론을 이끌어내고 확신을 갖게 해주는 것이다. 이로써 부모는 전반적인 자존감과 자아 인식에 대해 짚어주며 아이의 관성적인 행동을 억제하고 아이 스스로 진정 필요로 하는 게 무엇인지 고민하도록 유도할 수 있다.

앞의 말에 숨은 부모의 의도는 무엇이며, 이를 통해서는 어떤 메시지가 전달될까? 여기에서 주목할 것은 부모가 일상적으로 아이에게 암시적으로나 명시적으로 던지는 명령들이다. 여기에는 어릴 적 기억 속에 자리한 명령들의 악영향을 완화하고자 하는 의지도 내포되어 있다. 교류분석(어떠한 자아 상태에서 인간관계가 교류되고 있는가를 분석하는 심리요법)에서는 이를 '드라이버' 혹은 '잠재 명령'이라고 한다. 우리가 메시지를 전달하기 위해 사용하는 강한 권고와 명령, 슬로건 등이 이에 포함된다.

이러한 명령 속에는 부모가 아이에게 바라는 삶의 태도와 방식이 깔려 있다. 물론 여기까지는 문제가 되지 않는다. 유년기에 부모가 아이에게 지시하는 이와 같은 명령들은 분명 교육적 효과가 있기 때문이다. 다만 문제는 부모에게 지적받는 것을 피하려는 아이가 이러한 내적 명령들에 우선적으로 이끌리며 어떤 상황에서든 이 명령에 따라 즉각적으로 대응하는 점이다. 이 명령들은 아이의 모든 행동을 지배할 수 있다. 아이를 움직이는 이 무의식적인 구동 요인들은 성인이 되어서까지 지배할 수 있고, 무의식적인 충동 기제로 자리 잡으며 좌절과 가치 폄하를 유발할 수 있다. 뿐만 아니라 논리적으로 이해할 수 없는 행동을 하게 만든다.

그러나 이 세상에 완벽한 사람이란 없으므로 부모도 본인의 의지와 무관하게 자기 자신의 드라이버에 따라 암묵적으로든 명시적으로든 아이에게 이러한 구속적인 명령들을 내릴 수 있다. 이는 지극히 정상적인 것이니 부모 입장에서 크게 신경 쓰지는 않아도 된다. 만약 조금 더 완화해서 이러한 명령들을 전할 수 있다면 좋겠다. 이 일곱 번째 계율의 목표는 무의식적으로 아이를 움직이는 드라이버의 효과는 갖되 장기적으로 미칠 수 있는 악영향은 어느 정도 완화시켜 보자는 것이다.

그러니 각각의 드라이버를 살펴보며 우리가 받아들일 수 있을 만한 합의점을 찾아보기로 하자. 대부분의 경우는 두 가지 우선적인 드라이버의 내적 작용을 받게 되는데, 이를 잘 규명하여 효율적인 중간 지점을 찾아내는 게 중요하다.

◇ 드라이버 유형 1 – 강해야 한다

"용감해져야 해.", "그만 울어.", "고통이 우릴 더욱 강하게 만들어주는 거야.", "불평 좀 그만해.", "겁먹을 필요 없어." 등의 표현에서 비롯되는 드라이버 유형이다.

이 같은 유형의 드라이버는 심리적 압박을 견디는 힘을 길러주고, 위기 상황을 관리하는 데에 도움이 된다.

그러나 부모에게 인정받으려는 아이라면 자연히 스스로의 감정을 숨기고 혼자 알아서 문제를 해결하려 들 것이다. 이에 따라 아이는 스스로 약한 사람이라는 느낌을 받지 않기 위해 자신의 감정이나 기분은 최대한 배제하며 강인해지려 노력한다.

다른 사람에게 도움을 받았을 때의 이점을 설명해주면 이러한 드라이버의 단점을 완화시킬 수 있다. 남의 도움을 받는다고 해서 내가 약한 사람이라는 뜻은 아니며, 내가 못하는 부분에 대해 타인의 힘을 활용할 줄 아는 것 또한 능력이라는 점을 알려주는 것이다. 자신의 감정을 내보이는 것 또한 특정 상황에서 이성과 감성을 통해 효과적으로 문제 해결을 해나가는 능력이다. 이러한 정서적 지능이 없는 것은 곧 감정 없는 동물인 것이나 마찬가지다.

◇ 드라이버 유형 2 – 완벽해야 한다

"너는 더 잘할 수 있어.", "잘하긴 했는데, 나는 네가 더 잘할 줄 알았지.", "좋아. 다만 조금 부족한 건….' 등에서처럼 '그러나', '그런데', '하지만'과 같이 역접의 접속어를 내포하는 표현에서 비롯되는 드라이버 유형이다.

이 같은 유형의 드라이버는 아이에게 어느 정도의 집요함을 길러주고, 아이가 훌륭한 수준으로 과업을 달성할 수 있게 해준다.

그러나 부모에게 인정받고 싶어 하는 아이라면 지나친 완벽주의자로 자랄 우려가 높다. 무엇을 하든 만족하지 못하고 점점 더 까다로운 사람이 되어가는 것이다. 아이는 지적을 받고 싶지 않은 마음에 처음부터 끝까지 모든 것을 다 자기 손으로 통제하려 들 것이다.

실수나 실패에서도 가르침을 얻을 수 있으며, 완벽한 통제란 불가능하다는 사실에 역점을 두면 이러한 드라이버의 단점을 완화할 수 있다. 아이에게 위대한 발명과 발견은 미완성으로부터 탄생했다는 것을 일깨워주어야 한다.

◇ 드라이버 유형 3 – 즐겁게 해주어야 한다

"엄마(혹은 아빠)를 즐겁게 해줘야지.", "하는 짓 참 마음에 안 들어.", "네 생각만 하지 마.", "얌전히 좀 있어. 피곤해하는 거 안 보이니?", "다른 사람 생각도 좀 해. 여기 너만 있는 거 아니잖아." 등의 표현이 은연중에 혹은 눈에 띄게 반복적으로 나타날 때 생기는 드라이버 유형이다.

이 같은 유형의 드라이버는 아이가 이타적인 공감 능력을 형성하는 데에 도움이 된다. 이러한 드라이버에 따라 움직이는 아이는 좋은 동료이자 훌륭한 반려자가 될 수 있으며, 아이는 계속해서 상대의 마음을 사기 위해 노력할 것이다.

다만 이러한 잠재 명령이 아이의 삶을 주도할 경우, 아이는 상대를 실망시키는 것에 대한 두려움에 사로잡힐 수 있다. 이에 따라 자연히 자신의 요구 사항은 등한시하면서 모든 걸 다른 사람 위주로만 하려고 한다. 남에게 인정받으려는 마음에 아이는 계속해서 칭찬을 갈구하고, 상대의 기분을 상하게 할까 봐 감히 '아니오.'라는 말을 내뱉지 못한다.

자신이 원하는 것과 남이 원하는 것 사이에 경계가 존재한다는 사실을 일깨워주면 이러한 드라이버의 단점을 줄일 수 있다. 우리가 타인의 요구 사항을 들어줘야 하는 경우는 그 요구 사항이 나의 필요에도 부합하는 경우에 한해서다. 아이에게도 스스로의 생각과 마음을 배려할 권리가 있음을 말해주자.

참고로 심리상담사로서의 경험이나 개인적인 확신으로 미루어보건대, 남의 마음에 들고자 하는 욕구는 사람이라면 누구나 어느 정도는 갖고 있는 것 같다. 본래 인간이란 타인에 의한 인정과 소속감을 갈구하는 존재이기 때문이다. 이에 모든 아이들은 남의 마음에 들고자 노력하며, 주위 사람들의 사랑과 인정을 받고 있다는 확신을 갖고 싶어 한다. 부모의 삶과 아이의 삶을 분리해 생각하는 것이 중요한 이유가 바로 여기에 있다. 다른 사람에 대한 배려보다는 스스로에 대한 배려의 중요성을 강조하고 있기 때문이다. 아이는 자신에 대한 사랑이 우선적이고 무조건적이라는 사실을 느껴야 한다.

◇ 드라이버 유형 4 – 서둘러야 한다

"질질 끌지 좀 마.", "정말 느려도 너무 느린 거 아니니?", "다들 널 기다리고 있잖아.", "너 때문에 낭비한 시간이 얼마인 줄이나 알아?", "내가 할 일이 이것밖에 없는 건 아니야." 등의 표현이 반복적으로 나타날 때 생기는 드라이버 유형이다.

이 같은 유형의 드라이버는 아이에게 빠릿빠릿하게 움직일
수 있는 굉장한 능력을 심어준다. 이런 유형의 드라이버에 따라
움직이는 아이는 무언가의 요청에 즉각적으로 반응할 수 있으며,
빠른 시일 내에 일처리를 할 수 있다.

다만 이런 아이들의 경우, 일의 질보다는 속도를 더 우선시하는
경향을 보이며, 한 사람이 인간적인 수준에서 소화할 수 있는
적정량보다 더 많은 일을 부담하게 될 수도 있다. 쉽게 싫증을
낸다거나 일에 지나친 압박을 받는 것도 이런 아이들의 특징이다.

자신에게도 여유 시간을 누릴 권리가 있다는 사실을 인식시켜
주면 이러한 드라이버의 단점을 완화할 수 있다. 뛰어난 기량의
운동선수들은 기력 회복의 중요성을 아는 만큼 재충전의 시간을
충분히 갖는다.

◇ 드라이버 유형 5 – 열심히 노력해야 한다

"힘들게 일한 만큼 대가가 있을 거야.", "노력 없는 성공은
명예롭지 못해.", "땀 흘려 얻은 성과가 값진 거야.", "고생 없이는
아무것도 얻지 못해." 등의 표현에서 비롯되는 드라이버 유형이다.

끊임없이 노력해야 한다는 무의식적인 믿음을 가지고 성장한
아이는 무언가를 할 때 참고 인내하는 성향을 보인다. 이런

유형으로 움직이는 아이는 늘 자신의 최선을 다하고 남을 도와줄 준비가 되어 있다.

그러나 이런 잠재 명령을 듣고 성장한 아이는 속으로 자신이 타인에게 무척 게으른 사람으로 비칠 것이라고 생각한다. 또한 어른이 된 뒤 반드시 어려움이 있어야 성공할 수 있다는 생각을 하게 된다. 만약 일이 너무 쉽게 풀리면 괜히 더 어렵게 생각하려 들 것이며, 쉽게 얻은 성과라면 높게 평가하지 않는다.

쉽고 재미있는 일도 어렵게 달성한 과업 못지않게 가치 있는 일이라는 사실을 설명하면 이러한 드라이버의 단점을 완화해줄 수 있다. 아이에게 쉽게 얻은 성공도 있다는 것을 일깨워주자.

요점 아이들은 머릿속에 기억된 잠재 명령들에 의해 기계적으로만 움직이기보다는 이따금씩 스스로 주도권을 쥐고 유연하게 대응할 필요가 있다.

여덟째,
자신의 인생을 책임져라

"네 꿈을 마음껏 펼쳐봐. 나는 가정이라는 울타리에서 너를
지켜줄 거야. 너를 보호하는 것은 곧 내 역할이자 의무니까. 하지만
네 역할은 달라. 네가 해야 할 일은 너의 날개로 날아오르는
모습을 보여주는 거야. 앞으로 위험을 무릅쓰고 과감히 행동해야
할 때도 있을 거고, 너에게 중요한 게 무엇인지 확인시켜줘야 할
때도 있겠지. 네 책임을 다하는 한편 네 뜻을 펼칠 수 있는 선택을
해야 훗날 어엿한 어른으로 거듭날 수 있는 거야. 선택의 길이
쉽지는 않겠지만 한껏 날아올라 네 꿈을 펼쳐보렴. 그게 바로 네가
우리를 위해 해줄 수 있는, 그리고 우리에게 보답해줄 수 있는
최선의 길이란다. 네가 태어난 건 바로 네 인생의 각본을 써나가기

위해서니까."

여기에서 분명히 드러나는 부모의 의도는 바로 '네 인생에
스스로 책임을 져야 한다.'는 것이다. 이 말에서 청자인 아이가
의식적으로 받아들이게 되는 메시지도 이와 같다.

화자로서 부모가 전략적으로 주안점을 두어야 하는 부분은
아이가 '나는 자유롭게 내 삶을 살아갈 거야. 내 선택에 대해
설명을 할 필요는 없어.'라는 결론을 이끌어내도록 확신을
심어주는 것이다. 이로써 부모는 아이에게 자기 인생에 대한
조종대를 쥐어 주며, 아이가 완전히 자기 자신으로 존재할 수
있도록 해준다.

여덟째 계율에 숨은 부모의 의도는 무엇이며, 이를 통해서는
어떤 메시지가 전달될까? 여기에서 다루고 있는 문제는 개인의
책임과 관련되어 있다. 우리는 나이와 상관없이 스스로 한 일에
책임을 져야 하며, 인생의 매 순간마다 자신이 아는 바에 따라
스스로 행동하며 대처해나가게 되어 있다. 자녀의 나이가 아무리
어려도 부모는 아이에게 옷차림과 몸가짐에 주의를 기울이도록
가르치며, 말귀를 알아듣는 나이라면 자기 할 일을 다 하고
집안일을 거들도록 하여 아이 스스로 책임 있게 행동하도록

이끌어가야 한다.

분명한 건 아이가 집안에서 상전이 아니라는 점이다. 따라서 아이를 귀한 손님 다루듯 극진히 대접해서도 안 된다. 아이를 호텔에 투숙하러 온 손님처럼 극진히 모신다고 해서 아이의 자존감이 높아지지는 않는다. 이런 아이의 경우, 외려 책임감이 부족한 아이로 성장할 가능성이 크며, 자신을 떠받드는 집안 분위기를 지극히 당연한 것이라고 확신할 것이다. 사회 전체로 확대해 해석하면 문제는 더 심각해진다. 전 세계, 전 지구적 차원에서 봤을 때, 이런 아이들의 수가 늘어난다면 곧 공멸과 자멸의 결과를 불러올 수도 있다.

아이의 책임감은 반복적으로 과제를 수행하고 모두의 이익을 위한 행동을 함으로써 자리 잡을 수 있다. 아이의 나이가 몇 살이든 공동체의 일원으로서 기여하고자 하는 마음을 심어주고 싶다면 아이 스스로 결정을 내리고 그에 따른 책임을 지도록 해야 한다. 거실에 장난감을 늘어놓든 밖에서 친구를 만나 놀든 각각의 결정에는 하나의 결과가 뒤따른다. 즉, 장난감을 늘어놓았다면 이를 다시 정리해야 하고, 밖에 놀러 나갔다면 예정된 시간에 집으로 들어와야 한다.

아이가 정해진 규칙에 따르지 않는 경우, 오래가지도 못할 괜한

선택의 길이 쉽지는 않겠지만
한껏 날아올라 네 꿈을 펼쳐보렴.
그게 바로 네가 우리를 위해 해줄 수 있는,
그리고 우리에게 보답해줄 수 있는
최선의 길이란다.

위협을 가하는 건 좋지 못한 방법이다. 부모의 권위가 떨어지고 부모의 말에 공신력이 줄어들며, 그에 따라 자연히 부모의 자존감도 떨어질 것이기 때문이다.

자유롭기 위해서는 스스로 할 일과 하지 않을 일을 선택할 수 있어야 한다. 이러한 관점에서 보면 자유란 곧 선택의 문제다. 아이는 우리가 둘러놓은 울타리 안에서 배우고 성장하는 가운데, 매 순간 선택을 한다. 사람마다 생각은 다를 수 있겠지만 나는 자유란 곧 제약 요건을 없애는 것이 아니라 자신의 제약 요건을 스스로 선택하는 것이라 생각한다. 어른이 돼서도, 특히 아이가 생긴 뒤에도 자유란 어떻게 선택을 할 것인가의 문제다. 어쩌면 단순한 선택권을 넘어서서 '진지하게 선택할 권리'로 설명할 수도 있을 것 같다. 이렇듯 스스로 심사숙고하여 선택할 수 있게 해주면 아이는 자기만의 비판 능력을 발달시켜 나갈 수 있을 것이다.

우리는 자신이 좋아하고 전율을 느끼는 것과 자신이 좋아하지 않는, 혹은 꺼리는 것을 통해 자신을 알아간다. 자존감과 직접 연계되는 가장 일차적인 감정은 바로 '불쾌감'이다. 신체적으로 거부감이 드는 무언가를 한다거나 (지적으로 불쾌감을 느끼는 상태인) 경멸감을 느끼는 행위를 할 경우, 자기애가 무너지는 것은 물론 스스로의 마음으로부터도 멀어진다. 자신의 선택을 확인하고 그 결과에 대한 책임을 지려면 어느 정도의 용기가 필요한데, 일찍부터 아이의 독립심을 장려해주면 성인이 된 후에도 아이가 자립심이 높은 상태를 유지할 가능성이 높다. 자립심이 강하면 독립적인 사람이 될 수 있고, 그렇게 되면 자신의 선택에 책임을 지는 것도 쉬워진다. 물론 독립이 꼭 자립심을 전제 조건으로 이루어지는 건 아니다. 독립을 한 후라도 부모가 월세를 내줄 수는 있기 때문이다. 다만 이 경우, 아이는 독립을 한 상태로 살고 있다 하더라도 자립을 했다고 볼 수는 없다. 자립적인 사람이란 스스로 알아서 행동하며 그에 따른 결과에 책임을 지는 것이기 때문이다.

요점 부모는 장차 아이의 독립을 준비해야 한다. 아이들이 부모 곁을 떠나 독립을 한 후, 할 일이 없어진 듯한 공허함이나 쓸모없는 사람이 된 것 같은 자괴감에 빠지지 않게 부모만의 계획을 세워둘 필요가 있다.

아홉째,
자신감을 가지고 꿈을 이뤄나가라

"포기하지 말고 너에게 모든 걸 쏟아부으렴. 살아가다 보면
불가피하게 부정적이거나 모순된 이야기들을 많이 듣게 될 거야.
나한테서 그런 이야기를 들을 수도 있고, 다른 가족이나 선생님,
혹은 언론에서 그런 이야기를 들을 수도 있겠지. 하지만 암울한
시기에 특히 유념해야 할 한 가지가 있어. 네 꿈이 현실의 벽에
가로막혀 무너지는 것 같아도, 사람들 때문에, 다른 무언가 때문에,
혹은 나 때문에 네 꿈을 포기하는 일은 없었으면 좋겠어. 네가
놓치고 싶지 않은 꿈이라면, 네게 있어 중요한 무언가에 매달려
있는 상황이라면, 그리고 그걸 위해 해야 하는 무언가를 하고 있는
상황이라면, 그 무엇도, 그 누구도 네가 그 꿈을 실현하는 데 있어

네 앞길을 가로막지는 못해. 시간이 걸릴 수도, 상당한 결심이 필요할 수도 있겠지만, 네가 스스로를 믿고 너에게 전념한다면 언젠가는 나름의 방식으로 네 꿈에 이르게 될 거야. 너의 성공은 네 꿈을 지켜나가고자 하는 네 의지에 따라 달라지는 법이니까."

여기에서 분명히 드러나는 부모의 의도는 바로 '네 자신을 믿고, 자신감을 가지라'는 것이다. 이에 청자인 아이가 의식적으로 받아들이게 되는 메시지도 이와 같다.

화자로서 부모가 전략적으로 주안점을 두어야 하는 부분은 아이가 '내 마음속의 나라는 존재를 있는 그대로 받아들일 거야. 내 스스로 수단과 방법을 마련하고자 노력한다면 나는 분명 이 일을 해낼 수 있어.'라는 결론을 이끌어내도록 확신을 심어주는 것이다. 이로써 우리는 아이에게 자신의 가치에 대한 인식, 자아관, 미래와 그 자신에 대한 믿음을 심어줄 수 있다.

아홉 번째 계율 속에 숨은 부모의 의도는 무엇이며, 이를 통해서는 어떤 메시지가 전달될까? 여기에서의 중심 생각은 아이가 주변의 제한적인 여건에 따라 스스로를 한정짓기보다는 자기 자신의 정체성과 본래의 바람에 따라 스스로를 규정할 수 있게 도와주어야 한다는 것이다.

사회, 기술, 가정, 학교 제도, 주변의 부정적인 반응은 아이에게 '나는 못 해.', '난 할 수 없어.'라는 생각을 심어준다. 하지만 상황에 따라 못하는 것과 자신이 정말로 못하는 것 사이를 혼동해서는 안 된다. 아이가 자유롭게 꿈을 꿀 수 있도록 여건을 조성해주면 아이는 그 꿈을 향해 자신의 상상력을 키워나갈 것이다. 여기서의 상상력이란 미래에 일어날 무언가에 대한 마음가짐이지, 발명의 범주에 들어가는 창의력과는 거리가 멀다.

이 아홉 번째 계율만 제대로 지켜낸다면, 나머지 계율들도 자연스럽게 실천하게 될 것이다. '꿈'이라는 단어를 사용하면 자신이 장차 무슨 일을 하게 될지에 대한 밑그림을 그리지 않은 아이를 고정된 틀 안에 가두거나 좌절시키지 않을 수 있다. 아이가 자신의 운명을 대비해나가게 하는 것이 중요하다는 사실을 모르는 사람은 없다. 그러나 '운명'이라는 단어는 아이를 수동적인 기다림에 빠지게 하기 쉽다. '운명' 대신 '꿈'이라는 말이 더욱 선호되는 이유다. 꿈이란 전적으로 아이에게 속해 있는 것이며, 오로지 아이하고만 관계되는 것이기 때문이다.

다만 주의할 점은 아이가 진심으로 하고 싶어 하는 것과 잠시 지나가며 하는 엉뚱한 생각을 혼동해선 안 된다는 것이다. 아이가 지속적으로 간직하도록 해야 할 것은 아이의 진정한 꿈이지 호기심에 잠깐 해본 생각이나 수시로 바꾸는 장래 희망

같은 것이 아니다. 아이가 자신의 '꿈'이라고 내세우는 것을 위해 스스로 사력을 다하는 게 아니라면 아이는 진정으로 자기가 원하는 일이나 진로를 찾지 못한 것이다. 하지만 길을 못 찾았다고 해서 걱정할 일은 아니다. 여러 가지 길을 모색하면서 이것저것 시험해보고 나면 자신에게 맞는 좋은 길 하나를 발견할 수 있기 때문이다.

중요한 것은 모든 게 저절로 이뤄지지는 않는다는 점에 있다. 자신이 추구하는 목적지에 다다르기 위해서는 자신을 믿고 자기만의 꿈을 간직해야만 한다. 우리가 무언가에 헌신하며 전력을 다할 때 그 꿈이 이뤄질 수 있다. 따라서 꿈을 실현하는 데는 당연히 시간이 소요될 수밖에 없다. 열심히 공부하고 연구하며 훈련하고 저축하며 하기 싫은 일도 감내하고 새로운 관계를 맺어가는 등 모든 노력이 뒷받침될 때 우리의 꿈이 실현되는 것이다. 아이가 스스로 원하는 것을 얻기 위해 무언가를 희생하고 자신을 내어줄 수 있을 때, 우리는 아이가 어느 정도로 그 꿈에 빠져 있는지를 알 수 있다.

부모가 확실히 해두어야 할 점은 아이가 꿈을 실현하기 위해 해야 하는 일에 대한 부분이다. 정서적으로 동조해주고, 열성을 다해 무언가를 해낼 수 있게 역량을 키워주는 것이다. 하지만 어떤 특정한 길을 아이에게 강요해서는 안 되는데, 이것이 확실히 지켜지기는 참 어렵다.

요점 무슨 일이 있어도 결코 아이에 대한 믿음을 거두지 마라. 모든 게 순조롭게 진행되지 않는 시련 속에서도 아이를 향한 신뢰를 유지해야 한다.

열째,
자기 자신을 사랑하라

"적어도 내가 널 사랑하는 만큼은 네 자신을 사랑하도록 해.
나는 널 진심으로 사랑한단다. 하지만 너 역시 네 자신에 대한
사랑을 유지해야만 해. 그래야 네가 아름다운 사람, 책임감 있고
존엄함을 지키며 단단하고 침착한 사람, 사랑하고 사랑받고,
똑똑하고 유쾌한 사람이 될 수 있어. 있는 그대로의 네 모습
말이야. 그러자면 네가 도전한 무언가를 성공했을 때, 스스로에게
자부심을 가져야 해. 이건 누군가가 말해줘서 알게 되는 게 아니야.
그러니 지금 당장 네 스스로의 가치와 능력을 깨닫도록 해. 괜히
겸손을 떨지도 말고, 지나치게 자만하지도 말고, 그저 스스로의
가치를 제대로 인정할 줄 알아야 하는 거야. 네가 어떤 사람인지는

오직 너밖에 모르는 거란다. 거울 앞에 서서 애정 어린 눈으로 네 모습을 바라봐. 네 몸을 가꾸고, 네게 어울리지 않거나 네 격을 떨어뜨리는 거라면 즉각 거절하도록 해. 네가 스스로를 호의적인 시선으로 바라볼수록 다른 사람도 호의적인 눈으로 너를 보며 좋아할 수 있어. 어떤 상황에서든 적어도 내가 너를 사랑하는 만큼은 너 자신을 사랑하도록 해. 그래야 너만의 아름다운 인생 시나리오를 써나갈 수 있단다."

여기에서 분명히 드러나는 부모의 의도는 바로 '너는 있는 그대로 무조건적으로 사랑받는다.'는 점이다. 청자인 아이가 의식적으로 받아들이게 되는 메시지도 이와 같다.

화자로서 부모가 전략적으로 주안점을 두어야 하는 부분은 아이가 '나는 나에 대해 잘 알고 있어. 내가 원하는 게 뭔지 알고 있고, 나는 사랑받아 마땅한 존재야.'라는 결론을 이끌어내도록 확신을 심어주는 것이다. 이로써 우리는 앞서 나온 계율들을 하나로 이어주는 마지막 고리를 채우게 된다. 아이의 정체성에 확신을 심어주며, 자존감을 이루는 모든 요소들을 구비하는 마지막 단추를 끼워넣는 것이다.

이 마지막 계율에 숨은 부모의 의도는 무엇이며, 이를

통해서는 어떤 메시지가 전달될까? 이 마지막 계율에서 다루는 문제는 자기애와 관련한 부분이다. 자기애는 종종 이기주의나 자기중심주의로 해석되는 경우가 많지만 실제로는 그와 거리가 멀다. 자기애는 높고 안정적인 자존감을 구축하기 위한 전제 조건이기 때문이다.

아이에게 자기애를 심어주면 아이 스스로 자신의 내재적 가치를 인식하고 인간으로서의 존엄함을 깨우칠 수 있게 된다. 자기애는 스스로의 인격과 가치를 존중하는 마음이다. 자기애와 자존감을 갖는 일은 가정에서나 직장에서 자신의 생각과 뜻을 펼치며 행복한 삶을 영위하는 데에 있어 중요한 요소가 된다.

여기에 소개한 열 가지 계율을 부모가 잘 활용하면 아이가 스스로를 책임지고 사랑하게끔 만들 수 있다. 부모로서 자녀의 모든 요구와 기대를 완전히 충족해줄 수는 없다. 아이가 속으로 무슨 생각을 하는지도 알 수 없을뿐더러 특정한 순간에 필요로 하는 것을 알기도 쉽지 않다. 다만 중요한 점은 아이가 무언가 부족함을 느꼈을 때 이를 해결하기 위한 열쇠를 쥐어 줌으로써 스스로를 지나치게 낮추지도, 그렇다고 자만에 빠지지도 않으면서 계속 자신을 사랑할 수 있게 이끌어주는 것이다.

나를 바라보는 호의적인 시선이 행복의 지름길이다. 올바르게 스스로를 사랑하는 사람은 자기 자신에 대한 애정을 기반으로 살아가는 사람이다. 스스로에게 따뜻하고 관용 어린 시선을 보내줌으로써 평온한 삶을 이어가는 사람인 것이다. 자신을 호의적으로 바라보면 이해의 폭을 넓힐 수 있기 때문에 조급하고 단정적인 판단의 함정에 빠지지 않을 수 있다. 스스로에게 호의적인 시선을 갖는다는 건 곧 자신을 어느 정도는 엄격하게 대하되 완벽하지 못한 스스로를 인정한다는 것이다. 이는 부모에게도 마찬가지로 적용된다.

자식 키우는 부모들 또한 어느 정도의 엄정함과 원래의 의도는 간직하되 아이의 완벽하지 못한 점들을 용인해주어야 한다. 그렇게 되면 높고 안정적인 자존감이 보다 쉽게 구축될 수 있다. 이 책에서 소개한 십계명의 목적은 아이가 스스로에 대해 어느 정도 엄격함을 유지하는 동시에 자신을 바라보는 시선을 호의적으로 가질 수 있도록 하는 데에 있다.

자신에게 지나칠 정도로 너그러운 태도를 보이는 것은 과잉 친절에 해당한다. 사회적·도덕적 규칙을 어긴 자신을 용인하고 넘어갈 만큼 자기에게 필요 이상으로 관대한 것이다. 집안에서 제멋대로인 제왕적 성격의 아이는 모든 걸 이런 식으로 생각한다.

있는 그대로의 모습으로 무조건적인 사랑을 받는 게 아니라 집안에 행복과 같은 무언가를 기여한 존재로서 사랑받기 때문에 이런 아이는 대개 우상처럼 떠받들어진다. 이런 가정에서는 아이에게 그 무엇도 요구하지 않는다. 아이는 오로지 권리만 누릴 뿐이다. 아무런 의무도 부여되지 않으며, 따라서 좌절이나 실망을 겪을 일도 없다.

이렇듯 집안에서 아무런 제약 없이 행동하는 아이는 당연히 현실 세계의 법칙이나 원칙을 알지 못한다. 어릴 때든 어른이 되어서든 자기 자신에게 지나치게 관대하여 교만에 빠진 사람은 자기 자랑을 늘어놓음으로써 타인이 이 부분을 인정하게끔 만들어야 한다. 자기 존재 자체로서 타인에게 인정받지 못하는 것이다. 따라서 자식에 대한 (혹은 스스로에 대한) 과잉 친절은 헛되고 무의미하다.

그에 반해 적절한 호의는 자신을 포함하여 각자의 평온과 행복을 존중하는 태도이다. 지나친 배려나 친절과는 거리가 있다. 하지만 어른들조차 이 '호의'라는 단어에 익숙지 못하다. 타인에게 호의를 베푸는 건 어렵지 않은데, 스스로에게 호의를 베푸는 건 또 다른 문제이기 때문이다. 따라서 아이들에게 먼저 스스로를 호의적인 시선으로 바라보는 법을 가르친 후, 이어 다른 사람을 호의적으로 바라보는 법을 가르쳐야 한다.

내 아이가 '아름다운 사람', '책임감 있고 존엄함을 지키며 단단하고 침착한 사람', '사랑하고 사랑받고, 똑똑하고 유쾌한 사람'이 되길 바라지 않을 부모가 어디 있겠는가? 그러니 부모 된 사람으로서 우리는 아이를 한두 가지 특성 안에 가둬두지 않도록 주의해야 한다. 아이에 대해 말할 때도 우리는 늘 똑같은 어휘만 사용하면서 아이가 성장하고 변화하는 것은 보지 못하는데, 이제는 아이의 성장 단계에 따라 아이에게 사용하는 어휘도 적절히 바꿔야 한다.

부모가 아이의 성향이나 기질에 대해 적절한 수식어로 형용해줄수록 아이의 자아 인식은 그만큼 수월해진다. 다들 잘 알다시피 우리는 타인의 시선 속에서 스스로를 알아가기 마련이기 때문이다. 그러니 아이의 역량이나 자질에 꼭 맞는 수식어를 생각하여 아이의 성장 단계에 따라 다양하게 사용해보도록 하자. '용감하다', '이해심이 많다', '영리하다', '재미있다', '요령이 좋다', '남을 잘 돕는다', '너그럽다', '상냥하다', '기발하다', '활동적이다', '매력적이다', '친절하다', '단호하다', '예술적인 감각이 있다', '논리적이다', '상상력이 뛰어나다' 등 부모가 아이에게 해줄 수 있는 표현은 무궁무진하다.

다만 풍부한 수식어를 관대하게 사용하되, 그렇다고 거짓을 말해서는 안 된다. 아이나 부모의 자아에만 듣기 좋은 거짓말은 자존감 구축에 아무런 도움이 되지 못한다.

요점 부모가 아이를 사랑하고 존중하듯 아이 스스로도 자신을 사랑하고 존중해야 한다. 아울러 부모도 스스로를 사랑하고 존중해야 한다. 부모가 자신을 사랑하는 만큼 아이도 스스로를 사랑하게 된다.

각 계율에 따른
허용 기준

1 ___ 아이의 인생 시나리오와 부모의 인생 시나리오를 따로
떼어놓고 생각하는 습관을 갖자. 아이가 부모의 인생
시나리오, 혹은 부모가 만들어주고 싶은 인생 시나리오와는
다른, 자기만의 인생 이야기를 써나갈 수 있도록 해야
한다. 그래야 줏대 없는 아이도 제멋대로인 아이도 아닌,
'사람'이라는 이름에 걸맞은 어엿한 어른으로 성장할 수
있다. 아이의 인생 이야기를 부모가 대신 써주려 하지 말고,
아이와 함께 부모의 인생 이야기를 써나가는 게 중요하다.
다이아몬드 원석과도 같은 아이의 본연의 성질을 살려주는
다이아몬드 세공사가 되는 것이다.

2   일시적인 기분과 깊이 있는 감정을 헷갈려하지 말자.
아이의 존재는 아이가 한 행동 이상의 의미가 있다는
점을 아이에게 알려주어야 한다. 이것은 부모 본인에게도
해당되는 이야기다. 아이처럼 부모 자신도 하나의 고유한
다이아몬드 원석임을 명심하자.

3   아이의 실패 앞에서 마음의 동요를 느끼더라도 아이에 대한
믿음을 버려서는 안 된다. 아이의 인생도, 부모의 인생도
파국으로 치닫는 경우가 아니라면 실수해도 괜찮다는
암묵적 허용의 뜻을 비추어주자. 아이에게 규칙을 부과하고
이를 감시하되, 때로는 그 고삐를 늦출 줄도 알아야 한다.

4   아이에게 사랑을 구걸하지 말자. 부모는 아이의 환심을
사려는 위치에 있는 것이 아니라 아이를 교육해야 하는
사람이다. 부모가 무슨 결정을 내리든 부모에 대한 아이의
사랑은 달라지지 않는다. 중요하게 전달할 메시지가
있다면, 아이도 부모도 분명히 말로 표현할 수 있어야 한다.

5   아이가 성장하는 모습을 지켜보고 아이의 변화를 확인하며,
아이에게 이에 대해 이야기해줄 수 있어야 한다. 아이는

항상 품 안의 자식이겠지만, 아이를 너무 어린아이 다루듯
하지 말고 아이가 스스로 성장해나가는 것을 (지나친 개입
없이) 곁에서 지켜봐주면서 아이와 더불어 부모 자신도
한층 더 성장할 수 있도록 하자.

6 ___ 부모 스스로 정한 방향에 맞는 길이 아니라면, 안이한
해법에 안주하지 말고 즉각적인 눈앞의 이득에 무너지지
말자. 자녀를 양육하는 입장에 있는 부모는 원칙적으로
어른이라는 존재임을 명심해야 한다. 즉, 스스로 정한
규칙에 따라 옳고 그름을 판단할 수 있는 사람인 것이다.
아이가 스스로의 운명을 책임지고 결정할 수 있는 나이가
아니라면, 혹은 그럴 만한 수단을 갖고 있는 상황이
아니라면, 아이 스스로 자신의 운명을 결정하게 방임해서는
안 된다. 부모는 아이를 감싸주는 울타리로서 아이가
지나치게 무모한 시도를 감행하지 않도록 막아주어야 할
책임이 있다.

7 ___ 무의식에 자리한 잠재 명령에 따라 기계적으로만 움직이지
말고, 때로는 직접 조종키를 잡아 잠재 명령을 한층
완화시켜 받아들일 필요가 있다. 일상 속에서 사사건건

길게 설명할 필요는 없겠지만, 아이의 잠재의식 속에
자리한 드라이버의 문제점을 인지하면서 때로는 다른
방식의 화법을 구사할 줄도 알아야 한다. 이것만으로도
아이와 부모의 사고의 폭이 상당히 넓어질 수 있을 것이다.

8 ____ 아이는 언젠가 독립을 하여 부모 곁을 떠날 것이고, 부모는
그때를 준비하고 있어야 한다. 아이가 독립한 후 부모
역할이 없어진 것 같은 상실감을 느끼지 않기 위해서는
개인적으로 무언가 계획을 세우는 것이 좋다. 아이가
독립하기까지의 20년은 상당히 빨리 지나간다. 대부분의
부모들은 오로지 아이만을 위한 삶을 살며, 아이에게
열정을 쏟아붓고 어깨 위에 엄청난 짐을 짊어진다.
부모이기 전에 한 사람의 인간으로서 부모 이외의 다른
삶이 있다는 것을 잊지 말자. 독립한 후 아이는 부모가
자신의 삶을 충실히 살아가는 모습을 바라보며 마음을 놓게
될 것이다.

9 ____ 무슨 일이 있어도 아이를 향한 믿음의 끈을 놓아서는 안
된다. 일이 순조롭게 진행되지 않는 힘든 상황일지라도
아이를 믿어주어야 한다. 인내하고 격려하며, 아이의

미래에 있어 중요한 일이라면 혹은 아이가 정말로 마음을 쏟고 있는 일이라면 채찍질도 서슴지 않아야 한다. 아이의 변덕에도 장단을 맞춰주어서는 안 된다. 당장은 아이가 억울해할 수도 있겠지만 어쩔 수 없다. 부모는 보다 장기적인 관점에서 아이에게 정말로 이로운 길을 추구해야 하기 때문이다.

10 부모로서 스스로를 사랑하고 존중하라. 부모 또한 충분히 그럴 자격이 있는 사람이다. 자신에 대한 호의를 보여주자. 그리고 자녀의 교육에 있어서 지나치게 아이를 배려하지 말자. 아이가 더없이 예쁘고 귀하더라도 과잉 친절은 독이 된다. 완벽함을 추구하려 해서도 안 된다. 스스로 결심한 바를 실천하고, 아이가 올바른 방향으로 성장해갈 수 있게 이끌어가자. 이는 수년간에 걸쳐 이뤄지는 작업이다. 부모의 역할을 수행함에 있어 보다 스스로를 존중하고 사랑할수록, 아이 역시 자기 자신을 존중하고 사랑할 수 있다.

올바른 자존감을 구축하는
긍정의 문장 50

앞서 살펴본 바와 같이 부모가 하는 말의 이면에 강한 의지가 담겨 있다면 그 말은 상당한 힘을 발휘한다. 아이를 격려하는 일은 굉장히 중요하다. 물론 암묵적인 근거나 행동이 수반되지 않는 말이라면 크게 효력을 발휘하지는 못한다. 이는 곧 부모의 언행이 심중의 의도와 부합해야 한다는 뜻이며, 실제 행동이 달라져야 한다는 뜻이기도 하다. 천천히 시간을 갖고 아이의 질문에 답을 하거나 아이의 말을 들어주자.

아이가 성장하면서 어떤 것들을 기억에 담아두게 되는지 부모 입장에서는 알 수가 없다. 다만 우리가 할 수 있는 단 한 가지는 한결같은 목적을 가지고 같은 방향을 향해 나아가는 것이다.

그리하면 아이가 가급적 본연의 모습에 가까이 다가가서 이로부터 필요한 내적 자원을 모두 끌어올릴 수 있을 것이다. 다음은 아이의 자존감을 높고 안정적으로 구축하는 50가지의 말이다.

1 나는(엄마는/아빠는) 너에 대한 믿음을 버리지 않아. 나는 널 믿고 있단다.

2 나는 네가 해낼 수 있다는 걸 잘 알고 있어.

3 너는 발상이 참신한 아이야. 네 자신에게 한 번 집중해봐.

4 네 직관을 믿어.

5 어떻게 그런 좋은 아이디어를 갖고 있지?

6 나도 아닌 건 아니라고 할 때가 있어.

7 넌 할 수 있어.

8 너는 꽤 '강한/민감한/똑똑한…' 아이야.

9 그건 아니라고, 싫다고 할 줄도 알아야 해.

10 중요한 건 네 선택이야.

11 너에겐 얼마든지 상황을 바꿀 힘이 있어.

12 뭔가 할 말이 있는 거지?

13 네가 한 행동에는 그 결과가 따르기 마련이야.

14 너에겐 늘 선택권이 있어.

15 너는 네가 생각하는 것보다 더 강한 사람이야.

16 상대방의 말에 다 동의하지 않더라도 그를 존중할 줄
   알아야 해.

17 다른 사람이 옳지 못한 행동을 했다고 해서 그게 네 행동에
   대한 변명이·되진 않아.

18 너에게 어울리지 않거나 네 격을 떨어뜨리는 일이라면 그
   무엇도 받아들이지 마.

19 네 꿈을 버리지 마.

20 네 몸을 잘 보살펴야지.

21 너도 인간이니 완벽할 수는 없어.

22 생각이란 바뀔 수 있는 거야.

23 네 실수와 잘못으로부터도 배우는 게 있을 거야.

24 누군가 너의 도움을 필요로 할 땐 손을 내밀 줄 알아야 해.

25 마음의 키가 자라는 게 쉽진 않겠지만, 막상 어른이 되고
   나면 그게 힘들었다는 사실도 잊게 되지.

26 다들 그렇게 배워가는 거야.

27 다들 그렇게 크는 거야.

28 년 정말 좋은 사람이야.

29 년 정말 예뻐/멋있어.

30 난 너를 믿어.

31 년 소중한 사람이야.

32 넌 썩 괜찮은 사람이야.

33 네가 실수를 하더라도 네가 좋은 사람이라는 사실은 변하지
않아.

34 너는 굉장히 많은 걸 해낼 수 있어.

35 정말 잘 크고 있네!

36 네 생각, 정말 흥미로운데?

37 그런 걸 어떻게 했어?

38 그것 말고 다르게 하는 방식은 없을까?

39 네가 만들어낸 결과물이 어떨지 정말 너무 궁금해.

40 도와줘서 고마워.

41 집안에 힘이 되어줘서 고마워.

42 너도 함께하길 바라는 그 마음이 너무 예뻐.

43 너랑 뭔가를 같이 하는 게 난 정말 재밌어.

44 네가 있어 참 다행이야.

45 이렇게 같이 이야기하니까 얼마나 좋니?

46 네가 잘해내서 정말 뿌듯해.

47 넌 나의 자랑스러운 딸/아들이야.

48 네가 실수해도, 잘못해도, 넌 자랑스러운 내 딸/아들이란다.

49 네가 남의 시선을 의식하지 않고 자연스럽게 웃는 게 정말
예뻐.

<u>50</u> 스스로를 사랑하는 너를 보는 게 나는 정말 좋아.

__ 사랑해.

이 모든 문장들이 가진 목적은 단 하나, 바로 부모와 아이의
관계를 탄탄하게 만들어주는 것이다.

결론

지금까지 살펴본 바와 같이, 부모가 아이에게 올바른 자존감을 심어주기 위해 해야 할 일은 한두 가지가 아니다. 여러 가지를 면밀하게 종합적으로 고려해야 아이가 안정적인 자존감을 구축하고 있는 그대로의 자신을 드러낼 수 있다.

아이를 훨씬 더 큰 존재로 바라보면서 최소한 아이가 부모와 같은 높이에 있다고 생각하자. 아이가 태어난 순간부터 아이를 이와 같은 눈으로 바라본다면 아이는 부모를 뛰어넘어 훨씬 더 멀리 날아가는 존재로 성장할 것이다. 그렇게 된다면 부모는 삶이 자신에게 선사하는 진정한 기적을 맛볼 수 있다. 아이가 자신보다 더 크게 성장하여 기대 이상으로 발전하고 행복한 삶을 누리는 모습을 볼 것이기 때문이다.

이제 슬슬 이 책을 마무리할 때가 왔다. 마지막으로 독자들과
함께 나누고 싶은 것은 개인적으로 특히 좋아하는 러디어드
키플링의 시 〈만약에〉다.

나 자신에게 자꾸만 의심이 들거나 자아가 나를 압도할 때,
이 시를 읽으면 이런 마음 상태를 상대적으로 바라볼 수 있게
된다. 이 시의 목적은 수많은 아이들에게 자신의 잠재력을 알게
해주려는 것이지만, 오늘날처럼 다양한 가정환경에서 자라는
아이들이 원만한 형제 관계를 구축하는 데에도 도움이 된다.
감정의 고통을 무릅쓰고 무언가를 감내하는 게 쉽지 않은
오늘날이지만, 빅토리아 시대에 쓰인 이 시는 우리에게 삶의
우여곡절과 불행 앞에서 우리가 어떻게 대처해나갈 수 있는지를
보여준다. 판단은 독자들 스스로의 몫이지만, 한 마디 한 마디 힘이
실려 있는 시라서 세상을 바라보는 눈과 목적의식에 대해 새로운
생각을 불어넣어줄 수 있을 것이다.

만약에

인생에서 힘겹게 일구어낸 일들이 무너져 내리는 것을 보고도
아무 말 없이 다시 일어설 수 있다면
혹은 수많은 성과물을 한 번에 잃어버리고도
한숨조차 쉬지 않고 태연할 수 있다면

사랑을 하되 사랑에 미치지 않고
강한 사람이되 유연함을 잃지 않는다면
미움받으면서도 미워하지 않고
그저 묵묵히 싸워나가며 네 자신을 지킬 수 있다면

비열한 인간들이 너를 자극하기 위해
네 말을 왜곡하더라도 이를 견뎌내며
그들이 몰상식한 입으로 너에 대해
거짓을 말하더라도 이를 감내하되
너는 단 한 마디의 거짓도 입에 올리지 않는다면

서민적이면서도 위엄을 잃지 않고

왕에게 조언을 하면서도 서민들 곁에 남아 있을 수 있다면
네 모든 친구들을 형제처럼 사랑하되
그 가운데 그 누구도 너의 전부가 되지 않도록 한다면

깊이 생각하고 관찰하며 상세히 알되
회의적이거나 파괴적인 방향으로 나아가지 않고
꿈을 꾸되 그 꿈에 휘둘리지 않고
생각하되 생각만 하는 사람이 되지 않는다면

분노하지 않으면서 단단해질 수 있고
무모하지 않으면서 용감할 수 있다면
훈계하려 한다거나 가르치려 들지 않되
현명하고 올바르게 살아갈 줄 안다면

패배 뒤에 오는 승리를 맞이하고
이 두 가지 삶의 기만을 똑같이 받아들일 수 있다면
사람들이 용기와 분별력을 잃어갈 때
너만은 용기와 분별력을 잃지 않을 수 있다면

그렇다면 이 땅의 왕들과 저 하늘의 신들,

행운과 기회, 승리의 여신 모두가

언제까지나 너의 밑에서 네 뜻만을 따를 것이며,

그 모든 영광과 왕의 위엄보다 더 높은 가치를 지닌 아들아,

너는 어엿한 한 사람의 인간이 되어 있을 것이다.

러디어드 키플링(앙드레 모루아 불역*, 1918)

* 1918년 앙드레 모루아의 번역본을 원문으로 하였다. 영어 원문을 그대로 번역한 것이 아니라
프랑스인들의 문화와 감성을 고려하여 앙드레 모루아가 시를 요약 및 각색한 것이다.

감사의 말

이 책을 끝까지 마무리할 수 있게 해준 모든 이들에게 진심으로 감사를 표한다. 아낌없이 성원하고 지원하며 믿어준 것에 감사의 마음을 전하고 싶다.

자존감이라는 방대하고 복잡한 주제에 기꺼이 관심을 가져준 독자들에게도 고마움을 표하고 싶다. 내 조언이 도움이 될 수 있다면, 그리고 이 책이 그 소명을 다할 수 있다면 그것만큼 기쁜 일이 없을 것 같다.

마지막으로 내가 할 수 있는 한 마디는 언제나 빛을 모색하고 계속해서 빛나도록 하라는 것이다. 이 책을 계기로 모두와 함께 이야기 나눌 수 있어 다행이라는 말로 글을 마무리하고자 한다.

마르조리

내 아이의 자존감을 높이는
프랑스 부모들의 십계명

초판 1쇄 발행 2017년 12월 26일
초판 3쇄 발행 2021년 3월 8일

지은이 | 마르조리 물리너프
옮긴이 | 배영란
펴낸이 | 한순 이희섭
펴낸곳 | (주)도서출판 나무생각
편집 | 양미애 백모란
디자인 | 박민선
마케팅 | 이재석
출판등록 | 1999년 8월 19일 제1999-000112호
주소 | 서울특별시 마포구 월드컵로 70-4(서교동) 1F
전화 | 02)334-3339, 3308, 3361
팩스 | 02)334-3318
이메일 | tree3339@hanmail.net
홈페이지 | www.namubook.co.kr
블로그 | blog.naver.com/tree3339

ISBN 979-11-6218-010-5 03370

이 도서의 국립중앙도서관·출판예정도서목록(CIP)은 서지정보유통지원시스템 홈페이지
(http://seoji.nl.go.kr)와 국가자료공동목록시스템(http://www.nl.go.kr/kolisnet)에서
이용하실 수 있습니다. (CIP제어번호: CIP2017032841)